Constanze Beck wurde 2001 in Wuppertal geboren und reiste nach dem Abitur durch Marokko und Südeuropa. Ein Jahr des Ethnologie Studiums in Leipzig bestärkten sie darin, die Welt hautnah statt in Hörsälen erfahren zu wollen, weshalb sie das zweite Semester des Studiums für das Schreiben dieses Buches nutzte und Richtung Spanien aufbrach.

Constanze Beck

Die Traumfängerin

Meine Reise durch den Sinai

Bibliografische Information der Deutschen Nationalbibliothek:

Die Deutsche Nationalbibliothek verzeichnet diese Publikation in der Deutschen Nationalbibliografie; detaillierte bibliografische Daten sind im Internet über www.dnb.de abrufbar.

Herstellung und Verlag:

BoD – Books on Demand, Norderstedt

ISBN: 978-3-7568-0064-3

Alle Wege führen nach Hause.

Prolog

Rosarötlich schimmernde Bergspitzen vor hellblauem Himmel segnen mein inneres Auge, als ich diese Nacht träume.

In mir regt sich kein einziger Gedanke, während ich zu ihnen in die Ferne blicke; allein das Genießen dieses Augenblicks an einem mir so fremden und doch tief vertrauten Ort erfüllt die Stille des Moments.

Ich erwarte einen Bus, der mich abholt; habe nirgendwo anders zu sein, als hier.

Da spüre ich die sanfte Brise der Liebe im Rücken, ich drehe mich um und empfange eine Umarmung, die sich so nah und wirklich anfühlt, dass mich die Wärme in meinem Herzen den ganzen Tag darauf begleitet; mich ahnen lässt, dass die Welt der Träume manchmal echter und dem wahren Leben näher zu sein scheint als der Moment, in dem wir unsere Augen wieder zu öffnen glauben.

Ich kann mich nicht daran erinnern, wann ich mich das letzte Mal so sehr auf etwas gefreut habe wie auf Ägypten. Wenn ich daran denke, wie ich in einem Monat dort landen werde, füllt sich jede Zelle meines Körpers mit Glück. Es fühlt sich jetzt schon an, als würde dieser Ort ein ganz besonderer in meinem Leben werden. Als würde ich dort Momente erleben, die mich für immer mit Liebe nähren. Und ich weiß das, weil sie mein Herz schon jetzt erreichen und erwärmen. Weil das Universum für genau diese Momente existiert.

Jeden grauen Tag in Deutschland überlebe ich, weil mein Herz schon jetzt die Strahlen der ägyptischen Sonne empfängt. Und unbeschreiblich schönes ahnt.

Dahab I

Als mich der Taxifahrer mitten auf der Straße in Dahab absetzt, weiß ich nicht, wo ich bin - und liebe es. Grinsend beobachte ich das lebendige Treiben um mich herum – hupende Autos, die sich an angeschobenen Obstwagen, spielenden Kindern und vor sich her trottenden Hunden entlang schlängeln. Lachende Menschen, farbenfrohe Läden, ein wildes Chaos, auf das die Sonne beständig und gutmütig hinab scheint.

Mit jedem neuen Eindruck seufzt mein Herz vor Erleichterung, endlich die Sehnsucht nach Ferne und Freiheit erfüllt zu ahnen. Dem Rauschen des Meeres folgend biege ich in eine kleine Seitenstraße ein, in der sich die Cafés an der Küste entlang aneinanderreihen.

Der tiefblaue Ozean zieht mich nahezu magisch an; ich entdecke ein kleines Stück Strand, an das ich mein Gepäck und mich selbst absetze und in tiefen Zügen im Rhythmus der Wellen atme. Unweigerlich muss ich lächeln, als ich realisiere, dass ich nun irgendwo in Ägypten gelandet bin, wo mich keiner kennt, wo ich keinen kenne – und am liebsten würde ich jetzt nach meinem Handy greifen und es hinaus in die tanzenden Wellen und den tobenden Wind werfen, unerreichbar und unbezwingbar werden, um für immer in diesem Gefühl der Freiheit, nichts tun zu müssen, einfach sein zu dürfen, bleiben zu können.

Ich liebe es, nicht zu wissen, was im nächsten Moment passiert, und dafür auch keine Verantwortung zu haben. Der natürlichen Entfaltung des Lebens nicht im Weg zu stehen. Auf Reisen lässt sich dieser wundersame Fluss des Lebens hautnah erfahren – was passiert, wenn ich mein Bedürfnis, die Zukunft zu kontrollieren, ablege und mich in den natürlichen Lauf der Dinge fallen lasse, mich jeden Moment aufs Neue erwartungsfrei dem hingebe, was ist?

Werde ich anfangen zu finden, wenn ich aufhöre zu suchen? Im Routine gesteuerten Leben, das ich aus Deutschland kenne, gibt es kaum Platz mehr für die Kreativität des Universums. Nahezu alles ist erwartbar, alles Ungewisse wird zu kontrollieren versucht – als könnten wir die unendliche Kraft des Lebens bändigen. Nein, ich bin nicht auf diese Erde gekommen, um mich in meinen vier Wänden bequem einzumauern und brav das zu tun, was schon alle vor mir getan haben, die nun bequem in ihren vier Wänden eingemauert sitzen und sich trotz aller Mühe mit jedem Tag unsicherer zu fühlen scheinen.

Meine Welt braucht keine Wände; ich brauche mich nicht vor dem Leben zu beschützen, das ich selbst bin. Ich möchte mich mit Haut und Haaren hineinwerfen, spüren, dass mein Herz nicht umsonst schlägt, mich rückhaltlos hineinfallen lassen – denn wenn es keinen Boden gibt, wird Fallen zu Fliegen. Und den Boden im Universum muss mir erst noch jemand zeigen.

Nach zeitlosen Momenten der angenehmen Selbstvergessenheit und dem widerwilligen Entschluss, mein Handy lieber doch erst einmal zu behalten, mache ich mich auf die Suche nach der Unterkunft, in der ich meine Freunde Hanna und Sean wiedersehen werde. Die beiden hatte ich im Sommer letzten Jahres in Portugal kennengelernt und ab dem ersten Moment in mein Herz geschlossen. Mein Wunsch, sie wiederzusehen, wurde erfüllt, und so landeten wir alle zur gleichen Zeit in Dahab, einem Küstendorf im Süden der Sinai Halbinsel.

Während ich im Zimmer des Hostels, in dem wir die nächsten Tage verbringen werden, auf die Ankunft der beiden warte, spüre ich mein Herz rasen vor Nervosität.

Manchen Menschen kann man so viel Bedeutung verleihen, dass es einem Angst macht. Besonders, wenn man sich selbst nicht dieselbe Menge an Bedeutung zugesteht. Mit tiefen Atemzügen versuche ich, mein rasendes Herz zu besänftigen und die Nervosität in Vorfreude umzudeuten, am Grund meiner Angst die Liebe zu entdecken.

Als ich vor der Tür dumpfe Stimmen vernehme, die sich ganz nach denen anhören, die ich so lange so sehr vermisst hatte, werde ich aus dem Gedankenkarussell zurück in die Wirklichkeit gerissen und öffne strahlend die Tür, falle Hanna und Sean ohne große Worte in die Arme. Und plötzlich spielt es gar keine so große Rolle mehr, was ich fühle und warum; ich bin einfach nur froh, hier zu sein.

Zu Abend essen wir Pizza und Pasta inmitten der vor Leben sprühenden Straßen Dahabs, die mit dem Einbruch der Nacht erst wirklich aufzuwachen scheinen; doch uns allen fallen bald die Augen zu, und so gleite ich selig lächelnd in einen tiefen Schlaf. Warm zugedeckt von den Klängen Clair de Lunes, Seans ruhigen Atemzügen, Hannas gedankenverlorenem Summen und der Erleichterung, sich nach langer Zeit wieder am richtigen Ort zu wissen.

Am nächsten Morgen werde ich geweckt von Hundebellen, Vogelzwitschern, einer Brise Wind, die sich durch die angelehnte Tür ihren Weg zu mir bahnt und mich sachte einlädt, ihr in die Morgensonne zu folgen. Widerstandslos folge ich ihr hinaus vor die Tür, nehme das von Sonne und Schatten umspielte Blätterdach über mir mit noch verschlafenen Augen wahr wie im Traum.

Ein paar Meter weiter entdecke ich Hanna, wie sie über ihren Ordner gebeugt zu lernen versucht. Ihre Augen wandern immer wieder zum Meer.

Ich setze mich zu ihr und spüre die Nervosität sich wieder wie einen schweren Schatten um mein Herz legen. Ein Schatten, der aus Deutschland mit mir mitgereist ist, den ich noch nicht richtig benennen kann.

Der Graben zwischen dem, wie ich mich fühle, und dem, wie ich mich meiner Meinung nach fühlen sollte – der Widerstand gegen den Moment, den ich mir selbst schaffe - ist mir so unerträglich, dass ich durch das Aussprechen meiner Gedanken eine Brücke darüber zu schlagen versuche:

„So froh und dankbar ich auch darüber bin, hier zu sein – irgendwie kann ich es noch nicht genießen, mich nicht fallen lassen. Die vertrauensvolle Reise-Conni ist noch nicht in mir angekommen, ich stecke noch total in meinem Kopf"

Schon bevor Hanna die nächsten Worte ausspricht, werde ich von ihrer erfrischend unbekümmerten Art beruhigt, in ihrer Leichtigkeit verlieren meine Gedanken an Ernsthaftigkeit:

„Weißt du, Conni… das Schöne hier an Dahab ist, dass du nichts planen musst, nichts machen... alles kommt hier ganz von selbst zu dir. Alles, was du brauchst."

Sie tauscht ihren Lernordner gegen ihr Tagebuch aus, in dem sie an einer Skizze weiterzuzeichnen beginnt. In geschwungenen Buchstaben breiten sich die Worte „48% nur fürs Nachdenken" über die Seite aus.

„Was bedeutet das? 48% nur fürs Nachdenken?", frage ich nach.

„Das meinte der Tauchlehrer von meinem Free Diving Kurs. Dass 48% des Sauerstoffs, der deinem Gehirn unter Wasser zur Verfügung steht, nur fürs Denken verbraucht wird. Das hat man auch total gespürt. Sobald du über das, was du tust, nachdenkst, sobald du innehältst und zögerst – gerätst du in Panik, geht dir die Luft aus. Wenn du nicht denkst, sondern einfach machst, ist es ganz einfach."

Da macht etwas in mir Klick, und in meinem Kopf entspannt es sich. Die 48% lassen sich wesentlich besser nutzen als für zielloses Grübeln.

In diesem Moment taucht Sean mit zwei großen Orangen und einem Messer auf. Während wir uns die Orangen in der Sonne schmecken lassen, packt es mich. Das Meer, die Berge, das Geheimnis noch unentdeckter Wege. „Ich bin in fünf bis zehn Minuten zurück…", sage ich und erhebe mich von meinem Strohstuhl, „… ich schaue mal, wohin die Straße hier führt"

Und je mehr ich mich vom Camp entferne, desto mehr zieht sich auch die Anspannung in mir zurück, löst sich auf in den vielen neuen Eindrücke dieses fremden Ortes, die sich mir offenbaren. Die verschiedenen Blautöne des Meeres zu meiner rechten, bunte Strandhäuser zu meiner linken, die verträumte Erhabenheit der rötlichen Berge des Sinai Gebirges in undefinierbarer Nähe oder Ferne, der sandfarbene, sonnengebleichte Boden unter meinen Füßen, die mich mit jedem Schritt ein Stück mehr aus meinem Kopf hinaus in die Wirklichkeit tragen. Die von solch einer Schönheit und Intelligenz durchdrungen scheint, dass jegliche Sorge zurück in ihre Substanzlosigkeit zerfließt.

Der Anblick von lachenden Kindern, die sich Autoreifen hin und her rollen, erfüllt mich durch seine Einfachheit und Echtheit mit einem tiefem Frieden.

Ich setze mich in den Sand, kraule das warme Fell eines Hundes, der auf mich zugetrottet kommt, und als die Kinder plötzlich die Reifen fallen lassen und völlig gebannt einen Vogel über ihnen beobachten, der das Kunststück, mit Hilfe des Windes bewegungslos mit ausgebreiteten Flügeln an derselben Stelle zu verharren, vorführt, mache ich ein inneres Foto von diesem Augenblick, der so reich an purem, präsenten Leben ist.

Erfreut vernehme ich helle Gitarrenklänge, die der Wind aus der Ferne zu mir trägt. Wie kleine Tropfen tanzen die gezupften Töne zu mir herüber, ich lasse mich von ihrem Spiel verlocken und blicke mich suchend um, bis ich einige Meter weiter im Sand den Ursprung der Musik ausmache. Zwei Menschen sitzen im Schatten einer provisorisch zusammengebauten Steinwand, und als ich zu ihnen stoße, strahlt mich der Musiker mit einem „You're welcome!" an, ohne sein Spiel dabei zu unterbrechen. Sein gitarrenähnliches Instrument ist mir unbekannt, und als ich ihn gerade danach fragen will, weil er sein Lied beendet hat, sagt er in brüchigem Englisch: „Das ist eine Ud, die Gitarre der Beduinen. Und ich bin Salim, nice to meet you!"

Salim erzählt mir, dass er die Ud schon spielt, seit er ein Kind ist, und in seinem unbeschwerten Tanz über die Saiten schwingen Geschichten alter Wüstennomaden mit, die keiner

Worte bedarfen. Welchen schöneren Weg gibt es, eine Kultur kennenzulernen, als über die zeitlose Kraft ihrer Musik? Darum dauert es nicht lange, bis ich selbst die Ud in meinen Händen halte und Salim mir eine kurze Tonabfolge beibringt, die beinahe schon klingt wie ein Lied. In solchen Momenten stelle ich mir mein Leben gerne aus der Vogelperspektive vor – wie ich hier von Bergen und Meer umrandet im Schneidersitz im Sand sitze und ein Instrument spiele, das ich vor einigen Minuten noch nicht einmal kannte, beigebracht von einem der hier lebenden Wüstennomaden, über deren Leben ich noch so vieles herausfinden möchte. Ihre Musik gibt mir bereits einen ersten Einblick in die Freiheit und Ursprünglichkeit ihrer Seelen, Salims selbstverständliche Offenheit mir gegenüber in die Großzügigkeit ihrer Herzen. Als ich mich dazu entscheide, mich langsam wieder auf den Rückweg zum Camp zu machen, bietet Dolba, der dritte unserer Runde, mir an, mich zu fahren. In Aussicht auf weitere unbekannte Straßen, die ich auf diesem Weg entdecken würde, nehme ich sein Angebot dankend an und lasse mich auf den Beifahrersitz seines Pick Ups fallen.

Auf der Fahrt erzählt mir Dolba mehr über den Stamm der hier im Sinai lebenden Beduinen. Sie leben abwechselnd im Dorf und in ihren Zelten in der Wüste; gerade jetzt befinden sich viele dort, um ihre Ziegen mit den begehrten Frühlingspflanzen zu füttern. Als ich erwähne, dass ich noch nie in der Wüste war, fragt mich Dolba, ob ich Lust auf einen kleinen Abstecher hätte. Ob es eine gute Idee ist, mit jemandem, den man gerade erst kennen gelernt hat, in die Wüste zu fahren? Ich schaue Dolba an, der um die zwei Jahre jünger als ich wirkt und vorhin noch schweigend die Musik mit uns genossen hat, und mein Bauchgefühl sagt, dass ich vor diesem Menschen keine Angst zu haben brauche. Mit einem vorfreudigen Grinsen klatsche ich einmal in die Hände und rufe: „Yallah!"

Das Zuknallen der Autotür ist das letzte Geräusch, das ich vernehme, bevor ich unwiederbringlich der Stille der Wüste verfalle.
Einer Stille, die erfüllt; einen Ort tief in mir berührt, an den

weder Worte noch Gedanken reichen. In diesem einen Moment scheine ich bereits die Magie der Wüste begriffen zu haben; mehr als das ist nicht nötig, um mich von ihrem Geist verzaubern zu lassen.

Jedes Sandkorn, jeder Fels, jede Pflanze ist von einer Reinheit durchdrungen, die mich vor stiller Intensität nahezu ehrfürchtig werden lässt. Am liebsten würde ich mir einen Platz für mich alleine suchen, um die Augen zu schließen und zu erforschen, was die Stille mit mir macht, wenn ich sie länger auf mich wirken lasse.

Doch Dolba bedeutet mir, ihm zu folgen, und so knirschen wir Schritt für Schritt durch die links und rechts neben uns hochragenden Steinfelsen. Ich bin überrascht davon, wie viele verschiedene Pflanzen hier wachsen, dachte ich aus Erzählungen doch immer, in der Leere der Wüste hätte kein Leben eine Chance.

Doch hier und jetzt werde ich des Gegenteils belehrt, als ich bestaune, wie grünglitzernde Blumenstängel auf rauem Stein wachsen, zarte Bäume Schatten spenden, ohne selbst welchen zu haben. Dolba hockt währenddessen auf dem Boden und zupft Kräuter aus dem Sand: „Aus denen kann man sehr leckeren und gesunden Tee machen. Wir können ein bisschen mitnehmen, falls du hier mal Bauchschmerzen bekommst" Gerührt hocke ich mich neben ihn und zupfe, streiche über die winzigen, weichen Blätter – jeder Moment hier wird zur Meditation.

Mit Kräutern in der Hand und Demut im Herzen setzen wir unseren Weg fort und Dolba beweist, dass die Wüste sein zu Hause ist.

Zu jeder Pflanze kann er mir ihre heilende Wirkung sagen, durch einen Blick in die Spuren des Sandes herausfinden, wo es Wasser gibt und welche Tiere in unserem Umkreis sind. Jede meiner Fragen beantwortet er mit Leichtigkeit, und so beeindruckt ich von seinem Wissen bin, so absurd kommt mir plötzlich meine eigene Unwissenheit vor – wie kann es sein, dass mein Intellekt in Deutschland 12 Jahre lang ausgebildet wurde, doch mir nie jemand erklärt hat, mich in der Wirklichkeit zurechtzufinden, die direkt vor meinen Augen liegt?

Wie viel unmittelbares Verständnis vom Leben geht dabei verloren, wie viele Schätze der Natur und unserer Selbst bleiben dabei unbeachtet?

Dolba ist wie viele Beduinenkinder nie zur Schule gegangen und sprüht doch vor tiefem Wissen über eine Lebenswelt, in der ich wohl innerhalb eines Tages komplett verloren gehen würde.

Als wir wieder in der Hocke Kräuter sammeln, sagt er plötzlich: „Mein Bruder hat den Tee dieser Kräuter immer gerne getrunken. Vor einem Monat ist er im Meer ertrunken."

Mein Herz stockt, ich blicke vom Boden zu ihm hinauf und bekomme bloß ein gestammeltes „I'm… very sorry" heraus.

Doch er zupft unbekümmert weiter, sagt: „Nein, das muss dir nicht leid tun. Das ist das Leben. Wir werden geboren, wir sterben. Hier kommt der Tod meistens unerwartet, wir stellen ihn nicht in Frage, wehren uns nicht gegen ihn"

Ich nicke zustimmend, mal wieder beeindruckt von der widerstandslosen Hingabe zum Leben, die hier herrscht. Dennoch kann ich den Schatten nicht übersehen, der nun seine Augen trübt.

„Dolba, was macht die Wüste mit dir?", frage ich ihn vorsichtig, „Was gibt sie dir?"

Der Schatten lichtet sich ein wenig, als er erzählt: „Eines Nachts, ein paar Tage nach dem Tod meines Bruders, bin ich hierher gekommen, und ich habe eine Stimme gehört…"

Er macht Geräusche nach, die wie das Heulen eines Geistes klingen.

„… und sie hat mich gut fühlen lassen, sicher."

„War es ein Tier? Ein Mensch? Etwas anderes?", frage ich nach.

„Wir nennen es Dschinn. Ich habe ihm zugehört, bis ich eingeschlafen bin."

Auf der Rückfahrt machen wir noch kurz Halt, um kleine, gefällte Bäume als Futter für die Ziegen von Dolbas Familie mitzunehmen. Auf der Ladefläche des Pick Ups überragen sie die Länge des Autos. Nur mit viel Fahrgefühl, Rücksichtslosigkeit und einigen abenteuerlichen Sekunden im Gegenverkehr schaffen wir es zu seiner Familie, die ebenfalls in Dahab wohnt. Herzlich werde ich dort auf einen Tee eingeladen, und als ich dort im Schneidersitz auf dem Teppich sitze, in die tiefbraunen Augen und warmen Lächeln der Menschen sehe, einen Schluck des heißen und süßen Tees nehme – da atmet mein Herz auf vor erfüllter Sehnsucht. Ich werde zurückversetzt in eine Zeit, die jeden weiteren Schritt in meinem Leben geprägt hat, doch darum soll es an anderer Stelle gehen.

Ich kann mir das Grinsen nicht verkneifen, als ich Hanna und Sean nach meinem „fünf bis zehnminütigen Spaziergang" wiederbegegne und ihnen in einigen Sätzen erzähle, was ich erlebt habe. „Adventure is following you, girl", entgegnet Sean da nur lachend.
Mit ihm spiele ich später am Tag Gitarre, als sich die Sonne bereits dem Horizont entgegen neigt und die Berge mit einem hauchzarten Rosa umhüllt, das sich mit den schimmernden Blautönen des Meereswassers vermischt. Ich frage mich, ob daher der Name des Roten Meeres kommt (- tut er nicht). Den letzten Hauch des Abendlichtes beschließt Sean, meditierend am Strand zu genießen, und so setze ich mich neben ihn und merke, wie gut es tut, der hinter den Bergen untergehenden Sonne meine Gedanken mitzugeben. Gemeinsam mit den müde gewordenen, vor sich hin plätschernden Wellen atme ich die vielen Eindrücke des Tages aus und die Unberührtheit des gegenwärtigen Moments ein. Und als ich mich aus der Meditation löse und meinen Kopf zu Sean drehe, erwacht auch dieser aus seiner Trance und lächelt mich beseelt aus Augen an, in deren klaren Glanz sich eine Schönheit spiegelt, die aus den Tiefen unseres puren Wesens zu kommen scheint.

Am späten Abend sind wir zu einer kleinen Hausparty bei zwei ägyptischen Freunden, die Hanna und Sean von ihrer letzten Ägyptenreise kennen, eingeladen. Es folgen Stunden voller Tanz, Unsinn und Lachkrämpfe, und ich spüre, dass ich genau das gebraucht hatte. Manchmal vergesse ich, dass ich nicht jeder Sache im Leben auf den Grund zu gehen brauche; dass ein Leben ausschließlich in Tiefe kein Leben in Gänze ist. Irgendwann sitze ich Trommel spielend mit „I'M COOL"

Neonsonnenbrille auf dem Boden, während mich der Gastgeber auf einer verstimmten Ud begleitet, Sean sich im Hola Hoop probiert und Hanna mich lachend nach meinem Handy fragt; sie müsse ein besonders lustiges Zitat vom Gastgeber einspeichern.

Wir lassen die wilde Nacht bei einem entspannten Lagerfeuer im Garten ausklingen.

„Achtung, jetzt kommt ein melancholischer Song aus Österreich", warnt uns Hanna vor.

Ich schließe mich der Reihe melancholischer Songs an und lasse im Anschluss „Glück" von Herbert Grönemeyer spielen. Und als ich von den Flammen zu Hanna blicke, die neben mir sitzt, sammeln sich in meinen Augen Tränen. Weil in diesem Moment das Glück, von Menschen umgeben zu sein, die ich so lieb habe, jegliche Angst, fehl am Platz zu sein, in den Schatten stellt.

Tränen vor Dankbarkeit, Nervosität, Erleichterung.

Als Hanna mein leises Schluchzen mitbekommt, nimmt sie mich in den Arm und sagt: „Ach Conni, wir weinen doch nicht wegen Herbert Grönemeyer" und da kann ich nicht mehr unterscheiden, ob sich mein Körper vor Lachen oder Weinen schüttelt.

Mit am meisten hier in Dahab genieße ich meine morgendlichen Spaziergänge im Schlafanzug durch die Straßen. Immer gibt es etwas zu entdecken, das nächste Abenteuer wartet nur hinter der nächsten Ecke. Spontan beschließe ich, Dolbas Familie einen kurzen Besuch abzustatten und biege von der Hauptstraße voller Cafés und Shops in eine der kleinen Seitenstraßen ein, die zu den Häusern der Einheimischen führen. Dort spielt gerade eine Gruppe an Kindern mit Murmeln. Geschickt schnippen sie mit der Murmel in ihrer Hand einen Haufen anderer Murmeln auseinander, ziehen Linien in den sandigen Boden, messen mit ihren kleinen Händen konzentriert bestimmte Abstände. Ein paar Momente, nachdem ich stehen geblieben bin, um die interessante Szene zu beobachten, werde ich auch schon von einem der Mädchen heran gewunken. In ihrer offenen Handfläche hält sie mir eine Murmel entgegen, deutet mit ihrem anderen Zeigefinger darauf und dann zu den anderen Murmeln im Sand. Mit Händen und Füßen geben die Kinder weiterhin ihr Bestes, um mir das Spiel zu erklären, da sie kein Englisch und ich kein Arabisch spreche – doch dass es auch eine Sprache jenseits von Worten gibt, wurde mir auf meinen Reisen schon oft bewiesen. Zwischendurch bricht ein kleiner Streit zwischen den Kindern aus, weil es anscheinend nicht genug Murmeln gibt.

Als ich „Shop?" in die Runde frage, nehmen zwei der Mädchen meine Hand und führen mich zu einem Laden um die Ecke, wo ich für umgerechnet 25ct eine neue Tüte Murmeln kaufe. Wir spielen bestimmt eine Stunde lang, da läuft uns ein junger Mann über den Weg, der einen der kleinen Jungs zu kennen scheint. Wir begrüßen uns, und als ich bemerke, dass er gutes Englisch spricht, kommen wir ins Gespräch. Sein Name ist Nader.

„Als Kind habe ich hier auch immer mit meinen Freunden gespielt. Damals konnte ich von hier noch den ganzen Tag über die Sonne sehen, ohne, dass sie von Gebäuden verdeckt wurde"

Weil wir beide hungrig sind, gehen wir gemeinsam in einem Falafelladen zu Mittag essen. Ich frage ihn, woher er kommt, ob auch er zum hier lebenden Beduinenstamm gehört.

„Ja, wir sind Beduinen. Meine Familie hat viele Kamele, mit denen wir oft Safaris durch die Wüste für Touristen machen. Seit ich klein bin, lebe ich mit ihnen. Sie sind meine Freunde, weißt du? Später werde ich nach meinem eigenen Kamel sehen – wenn du magst, kannst du gerne mitkommen"
Nader strahlt eine Art Ruhe, ein unerschütterliches Vertrauen aus, das wohl nur Menschen haben können, die mit dem Geist der Wüste aufgewachsen sind. Er versteht es, zu schweigen, Raum zu geben, und so nehme ich sein Angebot mit einem guten Gefühl an.

Ein paar Stunden später sitze ich auf der Rückbank seines Autos, kurbele das Fenster vollständig herunter und halte mein Gesicht grinsend in den Wind. Wir haben Dahab verlassen und fahren nun auf der Schnellstraße, der blaue Ozean zieht an uns vorbei und seine Weite spiegelt die Weite meiner eigenen Seele wider. Sie atmet Freiheit.
Die Sonne steht bereits tief, als wir den Eingang der Wüste erreichen. Vier Beduinenmänner sitzen auf zusammengeflochtenen Höckern und spielen Karten, einige Meter entfernt von einem großen, abgezäunten Bereich, in dem sich um die zehn Kamele befinden. Es ist eine schöne Szene, friedlich, und ich bin dankbar dafür, hier so unverhofft gelandet zu sein.
Nader bedeutet mir, ihm zu den Kamelen zu folgen. Etwas nervös, aber überglücklich stehe ich inmitten der Runde dieser großen Überlebenskünstler. Vorsichtig streichle ich eins von ihnen und sehe in seine von langen Wimpern geschmückten großen, braunen Augen, die mich an die Augen der Beduinen selbst erinnern.
Als wir den abgezäunten Bereich wieder verlassen und ich mich zurück auf den Weg zum Auto machen will, ruft mich Nader zurück. Naja, „rufen" ist wahrscheinlich übertrieben – in der Stille der Wüste reicht bereits ein Flüstern aus, um sich über kurze Distanzen zu verständigen.
„Hey, Conni, möchtest du nicht noch ein bisschen mehr von der Wüste sehen?"
Sofort drehe ich mich um und folge Nader, der plötzlich vor einem auf dem Boden knienden, gesattelten Kamel Halt macht

und auf es deutend sagt: „Das ist Sheilan, mein Kamel. Setz dich."

Ungläubig frage ich noch einmal nach, ob ich ihn richtig verstanden habe. Tatsächlich. Also stelle ich mich links neben Sheilan, lege meine Hände um einen kleinen Holzpflock an der Vorderseite des Sattels und stoße mich mit dem einen Bein vom Boden ab, während ich das andere hinüberschwinge.

„Gut festhalten!", sagt Nader, als ich zuerst weit nach vorne, dann weit nach hinten geschaukelt werde, bevor Sheilan in seiner ganzen Größen zum aufrechten Stand kommt und ich vergnügt auflache. Nader nimmt einen dünnen Strick in die Hand, der an dem Kopf des Kamels befestigt ist, und geht schweigend voraus.

Die Menschen hier können wunderbar schweigen, das ist mir bereits aufgefallen. Vielleicht ist es die Nähe zur Wüste, die sie von klein auf daran gewöhnt, dass auch die Stille ihren Raum in unserem Leben verdient hat. Dort, wo ich herkomme, wirkt sie auf die meisten Menschen beinahe furchteinflößend, so scheint es mir. Wie ein Wartezimmer wird sie behandelt; ungeduldig werden die nächsten Worte herbeigesehnt, hinter denen man seine Verletzlichkeit verstecken kann.

Hier haben die Menschen keine Angst vor der Stille. Weil es nichts zu verstecken gibt.

Alleine auf Sheilan zu sitzen, macht mir ein wenig Angst. Ziemlich hoch, denke ich, als ich zum Boden hinabsehe. Doch sobald ich den Blick hebe, überwältigt mich die weite Felsenlandschaft der Wüste auf eine so erdende Weise, dass der Anblick dieser einzigartigen Schönheit keinen Raum mehr für Sorgen lässt. Mit jedem weiteren Schritt in die erfüllte Stille der Wüste weicht auch das letzte bisschen Nervosität einer tiefen Ruhe, die mich vollkommen in den Moment saugt. Ein Moment, der nicht auf einen nächsten Moment wartet, sondern sich in die Unendlichkeit ausdehnt und jegliche Vorstellung einer linear ablaufenden Zeit verblassen lässt. Unter mir schaukelt gemächlich das Kamel, um mich herum erstreckt sich eine Weite, die von ockerfarbenen Felsformationen umrahmt wird, und in mir drin entsteht ein Gefühl tiefer Harmonie mit allem, was ist.

Nader möchte mir einen Ort zeigen, an den wir nur zu Fuß

gelangen. Also steige ich von Sheilan ab, streiche ihm dankbar übers Fell und folge Nader einen Berg hinauf, der uns fast auf Augenhöhe mit manchen Bergspitzen bringt. Es ist wunderschön.
Und hoch.
Als wir wieder umkehren wollen und mein Blick auf die beinahe senkrecht abfallende Felswand fällt, die uns als Abstieg erwartet, gerate ich in Panik. Unmöglich, da heile wieder runterzukommen, denke ich. Und spreche es auch aus. Nader geht einen Schritt vor, hält mir seine Hand hin und sagt: „Step by step. Take my hand. Trust me"
Ich atme die Stille, Weite, Unantastbarkeit der Wüste ein, greife nach seiner Hand – und lasse alles andere los.
Die Kontrolle über die Situation, das vorhersagen Können des nächsten Schrittes, das Anhaften an meine ängstlichen Gedanken und die Nervosität in meinem Körper. All das lasse ich los im Tausch gegen Naders Hand, die nichts hält als pures Vertrauen. Selten war von mir so viel Mut gefordert, selten habe ich mich so rückhaltlos in den Moment fallen lassen. Meine Augen sehen nicht weiter als über Naders Fersen hinaus, bemerken in ihrem eingeschränkten Sichtfeld nicht einmal mehr den hohen Grad der Steigung – und als ich diesen Gedanken denke, weil ich diesem Gedanken glaube, blicke ich auf und versteinere ein weiteres Mal im Anblick der Situation, in der ich mich befinde. Und entscheide, mich lieber an meinen Gedanken festzuhalten als an Naders Hand.
„Ich kann das nicht", sage ich kopfschüttelnd, „es ist unmöglich, dass ich hier runterkomme."
Naders Ruhe bleibt davon unberührt. Die der Wüste ebenso. Sie beide gehen auf meine Sorgen nicht ein, geben ihnen einfach nur Raum und verharren beständig im urteilsfreien Sein.
„Leg deine Hände auf meine Schultern und folge mir. Step by step" Mir bleibt keine andere Wahl. Also lege ich meine Hände auf seine Schultern und lasse alles andere ein weiteres Mal, diesmal auf einer noch tieferen Ebene, los.
Zentimeter für Zentimeter bewegen wir uns vorwärts, und in der Abwesenheit meiner Gedanken breitet sich in mir zunehmend eine besänftigende Leere aus, die mich mehr als je

zuvor spüren lässt, dass der Ursprung meiner Ängste in mir selbst liegt – und die Welt um mich herum nicht mehr und nicht weniger ist als das, was sie ist. Für ihre Bedeutung sorge alleine ich.

Und so sehr ich mich auch auf die baldige Erleichterung freue, wieder festen Boden unter den Füßen zu spüren – jetzt gerade genieße ich nichts mehr als diese vollständige Hingabe zum Augenblick, das Überschreiten der Grenzen meiner Ängste, hinter denen die Wirklichkeit wartet.

Wer Kontrolle verliert, gewinnt Präsenz - eine Verbundenheit zum Moment, die mich trotz aller Unabwägbarkeiten um Welten sicherer fühlen lässt als die Illusion von Kontrolle. Wenn ich das schaffe, sage ich mir im Stillen, wenn ich da unten heil ankomme – dann ist alles möglich.

Und tatsächlich. Als Nader den nächsten Schritt vorwärts macht, landet er auf dem ebenen Boden, und als ich ihm folge, fühlt es sich an, als würde ich auf dem Boden einer mir neuen Wirklichkeit landen. Einer Wirklichkeit ohne Angst.

Erleichtert fange ich an zu lachen, drehe mich ungläubig zu der steilen Felswand um, gebe Nader ein High Five.

Manchmal müssen Ängste gar nicht behoben, sondern einfach gehalten werden.

Manchmal ist das Abgeben von Kontrolle das furchteinflößendste, das wir tun können – doch anstelle dessen dürfen wir uns einem Vertrauen hingeben, das uns hineinträgt in eine Wirklichkeit, in der wir unserer Furcht keinen so großen Glauben mehr schenken müssen.

Und als wir uns auf den Rückweg machen, spüre ich zum ersten Mal, dass nicht das Kamel mich reitet. Dass ich mich ihm nicht unterordnen muss, nicht eingeschüchtert sein brauche von seiner Größe.

Nein, nun werde ich mir meiner eigene Größe gewahr. Ich bin es, die das Kamel reitet. Und je mehr das neugewonnene Vertrauen in mir wächst, desto ruhiger wird auch Sheilan, und mal wieder bin ich verzaubert davon, wie unsere Umgebung auf unseren inneren Wandel antwortet.

Weil Naders Füße müde werden, nimmt er vor mir auf dem Kamel Platz. Voller Demut darf ich daraufhin beobachten, wie er sich in einer Sprache mit Sheilan verständigt, die so vertraut wirkt, dass ich bloß im Stillen staunen kann.

„Darrrb", sagt Nader mit rollendem R und übersetzt mir zugewandt:

„Bleib auf deinem Weg."

Sheilans Schritte knirschen im Sand, und wie wir hier beide sitzen, im mystischen Licht des hellen Vollmondes, der gerade majestätisch hinter den Bergen auftaucht, muss ich intuitiv an Maria und Josef denken. Logisch erklären kann ich das nicht – vielleicht ist es das Gefühl des Ursprünglichen, Heiligen, das die Wüste in mir weckt.

Kann man sich an etwas erinnern, das man nie erlebt hat?

Wie tief liegt der Ursprung unserer Seele?

Zurück nach Dahab sitze ich auf der Ladefläche des Pick Ups, lege meinen Kopf in den Nacken und lasse die Sterne und Straßenlaternen an mir vorbeiziehen, genieße den kühlen Fahrtwind auf meiner Haut als Beweis dafür, dass ich tatsächlich hier bin – all das nicht bloß träume, sondern wahrhaftig lebe.

Hanna und ich sitzen im gemütlichen Außenbereich unseres Hostels und beobachten das Treiben auf der schmalen Strandpromenade vor unseren Füßen. Mal reitet ein Pferd vorbei, mal lächelt einem ein bekanntes Gesicht zu. Ich lasse mich in die weichen Kissen des Strohsessels sinken und beobachte die roten Berge Saudi Arabiens auf der anderen Seite des Meeres.

Ein Mädchen im Grundschulalter nähert sich uns, in seiner Hand hält es mehrere selbst geflochtene Armbänder. Sie trägt ihren Schlafanzug und rosa Schlappen. Ich mag mich an viele Dinge gewöhnen können, doch bei den täglichen Begegnungen mit Kindern, die jene Armbänder zu verkaufen versuchen, wird mir jedes Mal schwer ums Herz und noch weiß ich nicht, wie ich damit umzugehen habe. Mit einem entschuldigenden Lächeln schüttle ich den Kopf, doch das Mädchen lässt nicht locker, hält uns den Büschel Armbänder direkt unter die Nase.

„Der Trick ist, ihnen etwas zurück anzubieten", raunt Hanna mir zu und beginnt, Stift und Papier auf dem Tisch vor uns auszubreiten.

„Would you like to draw something?", fragt sie dem Mädchen zugewandt, das die Armbänder sofort zur Seite legt und sich an die uns gegenüberliegende Seite des Tisches setzt.

Lächelnd sehe ich den beiden dabei zu, wie sie abwechselnd Worte in arabischer und in lateinischer Schrift schreiben. Gerade versucht Hanna, die vor ein paar Wochen das arabische Alphabet gelernt hat, den Namen des Mädchens zu entziffern. Sie heißt Yasmine.

Je länger ich Yasmine beobachte, desto bewusster wird mir, was für ein selbstbewusstes, humorvolles, starkes Mädchen sie ist, und komme mir auf einmal so blöd vor, eine so vielfältige Persönlichkeit in die kleine Schublade des armen, bemitleidenswerten Mädchens gesteckt zu haben.

Wieder einmal bewundere ich Hanna für ihre einzigartige Art, den Dingen ihre Schwere zu nehmen, die in ihnen wohnende Leichtigkeit zum Vorschein zu bringen.

Als das Blatt Papier vollständig beschrieben ist, verabschieden wir uns voneinander und Yasmine setzt ihren Weg fort.

„Wait", ruft Hanna ihr nach ein paar Metern hinterher, „you forgot your bracelets!"

Yasmine macht auf der Stelle kehrt, nimmt die Armbänder vom Tisch und winkt uns noch einmal zu, bevor sie davonläuft.

Ich blicke ihr hinterher und frage mich, ob ich nicht doch noch eins ihrer Armbänder hätte kaufen sollen – doch ich glaube, in unserer Begegnung selbst lag das viel wertvollere Geschenk, sie ihre Armbänder für eine Weile getrost vergessen lassen gekonnt zu haben.

Am nächsten Tag sind wir mit den Freunden verabredet, bei denen wir einige Abende vorher die Hausparty gefeiert haben. Wir treffen uns an einem weitläufigen Strand etwas außerhalb von Dahab, und Sean bietet mir eine Löffelspitze von etwas an, das „entspannen" soll.

Während ich die anderen aus der Ferne im Wasser betrachte, spüre ich, wie in unregelmäßigen Abständen leichte Zuckungen durch meinen Körper fahren und ich mich nur noch schwer auf das, was außerhalb von mir geschieht, konzentrieren kann. Was auch immer Sean mir da eben gegeben hat – es wirkt.

Und schnell wird mir klar, dass die Art der Wirkung allein von mir abhängt. Wenn ich anfange, mir Sorgen darüber zu machen, was mit mir passiert; wenn ich angestrengt versuche, die Wirkung zurückzuhalten, verstärkt sich meine Nervosität rasend schnell und macht die Welt um mich herum zu einem angsteinflößenden Ort.

Doch sobald ich meinen Blick auf die Berge am Horizont richte, mich in ihre geerdete, starke Präsenz hineinfühle, meine Augen im warmen Orange der Sonne versinken lasse – dann beruhigt sich mein Nervensystem in einer mir neuen Tiefe, mein Herz pulsiert im gleichmäßigen Takt der Wellen und die Welt um mich herum strahlt eine Freundlichkeit und Ruhe aus, die mich sehr sicher fühlen lässt.

Es ist spannend, diese Zusammenhänge zu beobachten, die Außenwelt als Spiegel des Innenlebens wahrzunehmen.

Aufgrund meiner extremen Sensibilität in diesem Moment bekomme ich das Bedürfnis, mich von den anderen zurückzuziehen, und setze mich etwas abseits in den Sand. Ganz intuitiv beginne ich, mit meinem Zeigefinger kreisende

Linien in den Sand zu zeichnen, die sich zu einer Spirale entwickeln. Auf einmal spüre ich mit einer zweifellosen Gewissheit, dass ich diesen Moment vor langer Zeit schon einmal erlebt habe. Je größer die Spirale wird, desto mehr Formen kann ich in ihr erkennen, vom kleinsten Schneckenhaus bis hin zur größten Galaxie. Formen, die mir von einer Zeit erzählen, in der sich die ursprüngliche Magie dieses Universums deutlicher als heute offenbarte – oder hatten wir dort einfach noch die Augen, um sie zu sehen?

Das Konzept von Zeit verliert immer mehr an Substanz, und als ich meinen Blick von der Sandspirale hinauf zu den Bergen hebe, an deren Fuß aus undefinierbarer Quelle wirbelnde Rauchschwaden in der Luft tanzen, fühle ich mich dem Zugang zu einem Wissen verbunden, das seinen Ursprung lange vor meiner Zeit in diesem Leben hat.

Und so überwältigend schön die Natur sich um mich herum auch zeigt, ich möchte mich zurück zu meinen Mitmenschen wenden, denen gegenüber sich in mir eine beinahe mütterliche Zärtlichkeit regt, als ich sie in ihrer zerbrechlichen Menschlichkeit betrachte. Es kommt mir vor, als würde ich sie alle schon seit Ewigkeiten kennen, als würden wir uns hier nur wiedertreffen, um noch einmal die Erfahrung der Schönheit, einander lieben zu lernen, zu machen.

Wie sehr wünschen wir uns manchmal, bestimmte Dinge noch einmal zum ersten Mal erfahren zu können?

Ein besonderes Lied das erste Mal zu hören, das erste Mal über einen guten Witz lachen zu können, die Magie des ersten Augenkontaktes mit einem Menschen, den wir einmal lieben werden.

Das Leben in seinem Prozess als Ganzes ist so voller Vielfalt und Schönheit, dass es unsere Seelen vielleicht immer wieder hierher zieht, uns unsere bereits gemachten Erfahrungen vergessen lässt, um uns das Glück des Unvorhersehbaren zu schenken.

Voller Begeisterung lausche ich diesen Gedanken, die wie klares Wasser einer reinen Quelle meines Bewusstseins entspringen.

Sie erzählen mir von der Tiefe meines Erfahrungsschatzes, von dem Erübrigen der Frage, was ich einmal werden möchte, wenn ich mir darüber klar werde, was ich bereits bin. Dass ich nicht länger nach weiteren Antworten suchen muss, sondern eher nach meinem Vertrauen in das, was sich in meinem Inneren wahr anfühlt.

Und wo auch immer ich mich auf dieser fortwährenden Spirale der wundervollen Existenz befinde – ich bin hier, um zu genießen.

Lächelnd sehe ich zu Hanna, die sich ein Handtuch umgebunden hat und mit einem Hund spielt, der uns zugelaufen ist. Mein Blick folgt den beiden, wie sie durch den Sand laufen, wie in Zeitlupe nehme ich den Moment wahr. Und als das heilige Licht der goldenen Sonne Hannas Haar trifft, die majestätischen Bergsilhouetten ihrem Rücken Flügel verleihen, ihr Lachen durch den Wind klingt – da steht die Zeit still. Vergangenheit und Zukunft vereint in einem vollkommenen Augenblick. Helle Violinstriche beginnen in meinem Inneren zu musizieren, mein Herz seufzt auf vor Liebe und meine Augen füllen sich vor Rührung mit Tränen.

Als sie auf mich zugelaufen kommt, sage ich: „Hanna, das gerade war das Schönste, das ich jemals in meinem Leben gesehen habe"

„Was genau?", fragt sie, nicht wissend, dass ich damit sie meine, doch ich finde keine Worte mehr und lächle einfach nur zurück.

An meinem nächsten und vorerst letzten Tag in Dahab werde ich von Nader zu einem Schnorchelausflug eingeladen. Kurzerhand packe ich Hanna mit ein, und so fahren wir zu viert (Nader hat ebenfalls einen seiner Freunde eingepackt) Richtung Süden, wo die Korallenriffe noch unberührter, farbenfroher und lebendiger sein sollen als in Dahab. Unberührt ist der Ort in jedem Fall, denke ich mir, als wir das Auto stehen lassen und zu Fuß weiterlaufen, weil die Straßen immer mehr zu bröckeligen Pfaden werden. Und es lohnt sich. Wir kommen an in einer menschenleeren Bucht, in der nur Wasser, Felsen, Sonne und Himmel uns umgeben. Und ein aufziehender Wind, der den Wellengang langsam, aber sicher dynamischer werden lässt, jedoch laut Nader kein Grund zur Unruhe sei.

In seinen Sandalen, die mich vor Schnittwunden an den Füßen schützen sollen, taste ich mich ins Meer vor. Lasse mich von Naders Hand leiten, die mich auch unter Wasser nicht loslässt. Mit der Kraft seiner Tauchflossen lässt er uns elegant durch das Wasser gleiten; durch den Raum dieses Universums unterm Meeresspiegel. Fasziniert lasse ich meinen Blick schweifen über diese Tiefen, in denen sich farbenfrohe Fische und andere Wesen stumm tummeln, von dessen Existenz ich vorher noch nicht einmal wusste. Ab und zu deutet Nader mit seinem Finger auf einen bestimmten Fisch, eine besondere Koralle, brabbelt dabei etwas durch seinen Schnorchel und ich tue nickend so, als würde ich ihn verstehen. Wie ein Astronaut fühle ich mich. Es ist großartig. Dass Zeit vergeht, merke ich bloß daran, dass Strömung und Wellen stärker zu werden scheinen.

Nader lässt meine Hand los, taucht hinab und kommt wieder mit einer glitzernden, weiß-rosa Muschel, die er mir in die Hand drückt. Ich halte sie gut fest, um sie auch bloß nicht zu verlieren, und greife mit meiner anderen Hand wieder nach Nader, weil die Wellen immer wilder werden und wir uns nun den scharfkantigen Korallenriffen nähern, über die wir ans Ufer gelangen. Ich habe gar keine Zeit dafür, mir groß Sorgen zu machen, weil ich mit aller Kraft damit beschäftigt bin, vorwärts zu kommen, ohne gegen die harten Felsen oder aus dem Boden herausragenden Seeigel geschleudert zu werden.

Mein Denken scheint ausgeschaltet, um all meine Sinne auf Höchstleistung bringen zu können. Plötzlich spüre ich, wie ich durch meinen Schnorchel nicht länger Luft, sondern Salzwasser atme, und schieße mit meinem Kopf über die Wasseroberfläche, um den Schnorchel vom Wasser zu befreien. Dafür lasse ich Naders Hand los, nehme die Muschel in die rechte Hand und hantiere an meinem Schnorchel mit der linken.

„Conni!", ruft Nader durch das Brausen der Wellen, „let go!" Ich verstehe nicht, was er damit meint, habe auch keine Zeit dafür, es zu versuchen, und lasse es einfach geschehen, als er den Griff meiner rechten Hand lockert, damit sich die Muschel daraus löst und er seine eigene Hand hineinlegen kann, von der ich mich Stück für Stück weiter Richtung Ufer ziehen lasse. Und tatsächlich, endlich – nach einem letzten kräftigen Schub der Wellen erreichen wir das rettende Ufer und tauchen aus der felsigen Korallenwelt hinauf. Ich rapple mich in den Stand auf, wate durch das knöchelhohe Wasser, da fällt mein Blick auf meine rechte Hand – die vollständig mit Blut übersät ist. Mein Denken scheint noch immer ausgeschaltet, denn seltsamerweise verspüre ich kein bisschen Angst bei diesem Anblick.

„It's fine. Alles gut", sage ich zu Nader, als dieser wenige Sekunden später neben mir auftaucht. Und dieser Mensch, der mir gegenüber die letzten Tage die tiefste Ruhe, das unerschütterlichste Vertrauen ausgestrahlt hat, in den heikelsten Situationen - dieser Mensch blickt auf meine blutüberströmte Hand und sagt: „No, it's not fine."

Suchend blickt er um sich, bis er fündig wird und ein paar Meter in eine Richtung läuft, um mit einem rosa Stofffetzen in der Hand zurückzukehren. Diesen tunkt er ins Meerwasser, wringt ihn aus, tunkt ihn noch einmal ein, wringt ihn noch einmal aus, bevor er ihn um den tiefen Schnitt an meinem Daumen wickelt, um die starke Blutung zu stoppen. Lachend zeige ich ihm daraufhin den Daumen hoch. Er bringt bloß ein gequältes Lachen zustande.

„Es tut mir so Leid, Conni. Hast du denn keine Angst?", fragt er.

Ich schüttle lächelnd den Kopf und erwidere: „Sollte ich das?"

Sollte ich? An diesem menschenleeren Ort, an den man nicht einmal mit dem Auto gelangt, wahrscheinlich viele Kilometer entfernt vom nächsten Krankenhaus – was wäre das Schlimmste, das passieren könnte?

Selbst bei dem Gedanken daran, hier verbluten zu müssen, verspüre ich nichts als Ruhe.

Denn ich realisiere: ich habe nichts zu verlieren.

Würde ich heute sterben, ich würde es tun unter der warmen Sonne, zum Rauschen des Meeres, umgeben von Menschen, die ich liebe. Mit einem reichen Schatz an Erinnerungen, ohne die Last der Reue, dieses Leben nicht aus ganzem Herzen gelebt zu haben.

„I feel alive", sage ich zu Nader, als wir uns über den Strand auf den Weg zurück zu unseren Sachen machen. Jeder Schritt fühlt sich an wie Fliegen.

„Und ich hoffe, dass aus dem Schnitt eine Narbe wird. Als Beweis dafür, dass mein Körper auf dieser Erde nicht bloß existiert, sondern wirklich gelebt hat"

Bloß über eines mache ich mir Sorgen: Hanna. Ich kann nur hoffen, dass sie und Naders Freund es heile zurück an Land schaffen.

Zurück an unserem Platz angekommen, lasse ich mich mit noch immer hoch gerecktem Daumen in den Sand fallen.

„Einen Moment", sagt Nader in der Tasche seiner Badehose kramend, und hält mir die weiß-rosa Muschel hin, die er für mich gesammelt hatte. Als ich sie in meinen Händen von allen Winkeln bewundere, fällt mir an einer Stelle eine rötliche Verfärbung auf. Als ich realisiere, dass es Blut ist, muss ich lächeln. Nun verstehe ich etwas. Damit meine ich nicht bloß den Grund meiner Schnittwunde, nein, ich verstehe etwas viel wichtigeres.

In diesem Wissen werfe ich die Muschel Richtung Meer. Ich brauche sie nicht mitzunehmen, weil ich sie sowieso niemals besitzen könnte. Irgendwann kommt für uns alle der unausweichliche Punkt, an dem uns schonungslos klar wird, dass jegliche Anhäufungen von scheinbaren Besitztümern nie eine echte Bedeutung hatten. Wir werden zurückgeworfen auf das Einzige, das uns in diesem Moment bleibt – der Moment selbst. Und wer wir in diesem Moment sind. Wie viel

Lebensfreude durch unsere Körper fließt, wie viel Liebe durch unsere Herzen.

Manchmal müssen wir die Muschel, so schön sie auch ist, loslassen. Von unserem festen Griff befreien. So behält sie ihre Schönheit, und wir ihre Freude an ihr – ansonsten schneiden wir uns mit ihr bloß die eigene Hand auf.

Und so ist das wohl mit allem, das wir lieben.

In diesem Moment humpelt Hanna um die Ecke, mein Herz atmet auf.

„Kommt, hier kann man cool schnorcheln, ja ist klar… eher Nahtoderfahrung", witzelt sie und ich bin heilfroh, dass es ihr bis auf ein paar Schrammen und einem Schnitt am Fuß gut geht.

Wir fahren mit dem Pick Up ins nächste Cafè, wo wir mit Desinfektionsspray, Pflastern und überzuckertem Beduinentee versorgt werden.

Mit diesem Tag neigt sich mein erstes Kapitel Ägypten dem Ende zu. Morgen werde ich den Bus nach Nuweiba nehmen und das nächste Kapitel ansteuern. Hanna und ich machen aus, uns dort wiederzutreffen, sodass unser Abschied nur temporär ist.

So ereignisreich wie hier habe ich die ersten Tage einer Reise noch nie erlebt. Schmunzelnd schaue ich auf meinen verbundenen Daumen, bei dem es sich glücklicherweise um den rechten handelt, sodass ich mit meiner linken Hand weiterhin Tagebuch schreiben kann:

19.02.2022

Liebes Dahab, mein Habibi – du hast mir Mut verliehen und Ruhe, Vertrauen und Lebendigkeit. Du hast mich mit einem Abenteuer nach dem anderen beschenkt, meine Sehnsüchte gestillt – seien es die großen, wie ein Kamelritt durch die Wüste, oder die kleinen, wie der morgendliche Spaziergang zum Avocadosmoothie im Schlafanzug durch wilde Straßen voller Leben.

So viele Hochs und Tiefs komprimiert in 5 Tagen – nun freue ich mich auf den Frieden Nuweibas und alle Überraschungen, die mir das Universum bringen wird, solange ich stets darauf achte, mit einem offenem Herzen unterwegs zu sein.

Nuweiba I

Vorfreudig steige ich in den Bus, der mich nach Nuweiba, einer kleinen Hafenstadt nördlich von Dahab, bringen wird. Doch genau genommen liegt mein Ziel nicht in der Stadt selbst, sondern etwa 15 Minuten weiter in einem der vielen Strandcamps, die den Küstenstreifen schmücken.

Vor meiner Reise habe ich online einen Freiwilligenjob gefunden, der daraus bestehen wird, mich fünf Stunden am Tag um die zwei kleinen Söhne der Besitzer des Camps zu kümmern und im Gegenzug Unterkunft und Verpflegung zu erhalten. Rana, die Mutter der beiden, hatte mir im Vorfeld eine genaue Beschreibung des Ortes geschickt, an dem der Busfahrer mich rauslassen soll. Ich habe ihm die arabische Nachricht schüchtern unter die Nase gehalten, erleichtert seinen Daumen hoch empfangen und sitze nun bequem im Bus und lasse die Wüstenberge mit Kopfhörern im Ohr an mir vorbeiziehen.

Ich liebe es, dieses Reisen zwischen zwei Orten. Die Atmosphäre und Erinnerungen des gerade verlassenen Ortes klingen noch nach, vermischen sich mit der Vorfreude auf das noch unbekannte Neue, dessen Schönheit sich bereits ahnen lässt – und diesen Regenbogen an Gefühlen darf ich einfach genießen. Ich darf mich einfach zurücklehnen, meinen Blick aus dem Fenster schweifen lassen, die Ungebundenheit des unterwegs Seins auskosten und meine mit Eindrücken vollgesaugte Seele in dieser traumähnlichen Zwischenwelt rasten und sich ein wenig verlieren lassen, um sie am nächsten Ort wiederfinden zu können.

Ich bin nirgendwo und doch ganz hier, niemand und doch ganz ich selbst.

Weltverloren.

Meine Träumerei findet ihr Ende, als der Bus abrupt zum Stehen kommt und mir bedeutet wird, auszusteigen. Natürlich handelt es sich dabei nicht um den abgemachten Ort. Ich stehe am Straßenrand und sehe dem abfahrenden Bus hinterher, der das einzige Fahrzeug weit und breit auf dieser endlos scheinenden Straße ist, die hier das einzige Zeichen menschlicher Zivilisation ist. Sie – und das Hotel, dem ich gegenüberstehe. Das Hotel, das leider nicht das Strandcamp ist, das ich mir erhofft hatte. Ich beschließe dennoch, Richtung Eingang zu gehen, weil dort eine kleine Gruppe ägyptischer Polizisten steht, die mir sicher helfen können. Ich begrüße sie auf Arabisch und bemerke schnell, dass es bei dieser Sprache bleiben muss, weil keiner von ihnen Englischkenntnisse hat. Meine Aussprache muss so schlecht sein, dass sie nicht einmal den Namen des Camps verstehen, nach dem ich suche.

„Al Ma-gar-ra", sage ich langsam und blicke noch immer in fragende, aber so freundliche Gesichter, dass ich mich mitten im Nirgendwo doch gut aufgehoben fühle. Nach einigen weiteren lustigen Kommunikationsversuchen fällt mir die arabische Nachricht ein, die Rana mir für den Busfahrer formuliert hatte – perfekt! Nach einem kurzen Blick auf mein Handy winkt mich einer der Polizisten zu sich und ich folge ihm zurück Richtung Straße. Da stehen wir jetzt also, zu zweit vor dieser leeren Straße, und ich habe nicht die geringste Ahnung, wie sein Plan aussieht, doch bin absolut bereit und zuversichtlich. Nach einigen Momenten nähert sich tatsächlich ein kleiner Bus, der nach einem Pfiff des Polizisten zum Stehen kommt. „Yalla! Bus… Al Magarra", sagt er freundlich zu mir und ich bedanke mich mit einem lächelnden „Shukran!", bevor ich in den Bus steige und mich zwischen einer kleinen Gruppe britischer Touristen wiederfinde, die mich auf so eine unbekümmerte Art begrüßen, als wäre mein spontaner Zustieg das Selbstverständlichste der Welt.

Nach etwa zwei Minuten verabschieden wir uns mit derselben Selbstverständlichkeit, als mich der Fahrer am Straßenrand rauslässt und ich vor dem lang ersehnten Schild „Al Magarra" stehe. Dort muss ich erst einmal das Lachen, das ich die letzten Minuten zurückgehalten habe, rauslassen.

Wie lustig, immer wieder in solchen Situationen zu landen und wie schön, dabei immer wieder die spontane Entfaltung der Lösung zu erleben.

Die Mosaikskulptur eines Delfins lächelt mir zu, und ich lächle zurück. Nuweiba ist berühmt für seine Geschichte über den taubstummen Jungen Abid'allah, der durch die Freundschaft zu einem Delfin namens Oline geheilt wurde.

Das Buch liegt gut verstaut in meiner Reisetasche und ich bin gespannt, wohin es mich noch führen wird.

Ich laufe die steinversehrte Einfahrt hinab und mit jedem Schritt kribbelt mein Bauch mehr vor Vorfreude. Unten am Strand angekommen, lasse ich meinen Blick über die liebevoll gestalteten Hütten streifen und vergesse dabei fast, Ausschau nach Rana zu halten.

„Conni!", höre ich da aus der Ferne, und einen Augenblick später tauchen hinter einer der Hütten eine Frau, zwei kleine Jungs und zwei Hunde auf. Rana umarmt mich so herzlich und hemmungslos, als wäre ich bereits ein Teil ihrer Familie, und mein Herz geht auf. Ram und Rawi, die beiden fünf- und dreijährigen Jungs, stellen sich mir in beinahe perfektem Englisch vor und fragen ihre Mutter, ob sie mir ihren Chaosraum zeigen könnten. Rana leitet die Frage an mich weiter, und obwohl ich sehr bereit für einen Mittagsschlaf wäre, kann ich den hoffnungsvollen Augen nicht widerstehen und folge den auf und ab wippenden Löckchen der barfuß durch Sand und Stein laufenden Jungs. Beim Chaosraum handelt es sich um den Nebenraum einer Hütte, in dem Kissen und Decken gelagert werden. Ram und Rawi klettern geschickt die Regale hoch, werfen sämtliche Decken hinunter und springen lachend hinterher. Eine Kissenschlacht folgt der anderen, und als Ram sich einmal den Kopf stößt und ich schon Tränen erwarte und ihn trösten möchte, kichert er strahlend: „Wenn es weh tut, lache ich einfach!" und klettert schon wieder aufs nächste Regal.

Nach weiteren wilden Kissenschlachten steckt Rana ihren Kopf durch die Tür und schnell versichere ich, dass ich das Chaos später aufräumen werde. Doch Rana schüttelt beschwichtigend den Kopf: „Mach dir darüber keine Sorgen. Sieh dich selbst weniger als ihre Babysitterin und mehr als ihre Freundin. Und solange niemand ernsthaft verletzt wird, möchten wir ihnen die Erfahrung von Chaos, Risiko und Gefahr erlauben – das gehört zum Leben dazu!"

Und so ahne ich bereits an meinem ersten Tag hier, wie viel ich von dieser Familie lernen kann, wie sehr mich Ram und Rawi inspirieren werden.

Rana führt mich noch zu meiner Hütte, in der ich die nächsten

Wochen leben werde: „Du hast Glück! Noch nie konnten wir einer Freiwilligen eine Hütte direkt am Meer anbieten. Doch weil wir noch in den Renovierungsarbeiten stecken und die ersten Gäste erst in 1-2 Wochen kommen, ist sie ganz dein Reich. Genieß es!"
Und wie ich das tue.

Als Rana geht, setze ich mich auf einen kleinen Strohsessel, der mit dem Bett das einzige Möbelstück in meiner simplen, aber sehr gemütlichen Hütte ist. Ich lehne mich ein Stück vor, um die Fensterläden zu öffnen und werde beschenkt von der Aussicht aufs Meer, das nur höchstens zehn Schritte von mir entfernt seine Arme nach mir ausbreitet. Was ein Glück, meine eigene Hütte am Meer – ein weiterer Traum, den ich leben darf.

Und wieder einmal habe ich das Gefühl, in der Zeit zurück gereist zu sein. Leise jubelnd erwacht in mir die Ahnung, Mensch und Natur hier auf eine so pure, raue Weise kennenlernen zu können, wie es heutzutage nur noch selten möglich ist.

Die Modernität, Komplexität und Geschwindigkeit des Lebens in Deutschland hier vergessen, dort Gelerntes hier verlernen zu können und der unverfälschten Wahrheit meiner Natur so ein Stückchen näher zu kommen.

Ich schließe meine Augen und lasse mich fallen in den Frieden dieses Nirgendwos am Rande der Wüste, wo mir vielleicht Internet, warme Duschen und ein Supermarkt fehlen, doch sich mir dafür die Chance eröffnet, in der Nähe zu Bergen, Sand und Meer, in strahlenden Augen herzlicher Menschen, in einem simplen Leben wie diesem ein Gefühl fürs wirklich Wesentliche zu bekommen.

Meine ersten Tage im Camp lassen sich am besten mit ihren Nächten beschreiben.

In der ersten Nacht wurde ich hemmungslos von Mücken zerstochen und konnte kein Auge zu tun.

Am nächsten Morgen erzählte ich Rana davon und sie fragte, ob ich denn das Mückennetz nicht benutzt hätte – und ich fragte zurück, welches Mückennetz?

In der zweiten Nacht also hatte ich mein Mückennetz. Es wurde wild umhergewirbelt von einem Sturm, der nicht nur meine Hütte fast fortwehte, sondern auch noch unter Wasser setzte.

Am nächsten Morgen öffnete ich Ranas Tür und sah die ganze Familie unter Decken auf dem Sofa heiße Schokolade trinken. „So einen Sturm hatten wir hier seit Jahren nicht! Geschweige denn Regen!"

In der dritten Nacht wurde ich sehr krank.

An diesem Morgen schaffte ich es nicht einmal zu Rana, schrieb bloß eine Nachricht, dass ich mit hohem Fieber und Schüttelfrost im Bett liege. Einige Minuten später klopfte es an der Tür und Bushra, der Koch des Camps, stand lächelnd mit einem Teller Obst und einem Glas Zitronentee vor meiner Hütte.

In der vierten Nacht schlief ich zwölf Stunden am Stück. Und als ich an diesem Morgen aus meiner Hütte trat und mich auf den Weg zu Ranas Haus machte, waren die Steine unter meinen nackten Füßen weniger spitz, die Sonnenstrahlen auf meiner Haut weniger stark, der Wind wehte unbehinderter an mir vorüber.

„Und, was ist diese Nacht passiert?", begrüßte mich Rana. „Nichts! Ich kann es auch kaum glauben!", erwiderte ich lachend. „Ich fühle mich großartig."

Rana nickte. „Dein Körper musste sich erst einmal daran gewöhnen, den Elementen so ausgeliefert zu sein. Hier gibt es nicht den Komfort eines von den Einflüssen der Natur abgeschirmten Hauses, hier trennt uns bloß eine dünne Hüttenwand von Wind und Kälte, Sonne und Sand. Dein gesamter Körper wurde in den letzten Tagen gereinigt und auf diese neuen Umstände abgestimmt"

Fasziniert lauschte ich ihren Worten.

„Conni, ich spüre, du suchst nach dem Abenteuer. Ich sehe es in deinen Augen. Stimmt's? Du möchtest die ganze Bandbreite an Erlebnissen", lachte sie.
Und ich lachte Schultern zuckend zurück, weil ich nichts dagegen einzuwenden hatte.

Die folgenden Tage verlaufen glimpflicher, lassen mich auf mildere Weise hier ankommen und einen Tagesrhythmus entwickeln. Dieser besteht aus fünf Stunden, die ich über den Tag verteilt in drei Fraktionen mit den Jungs verbringe. Dabei ist das ganze Camp unser Spielplatz – unsere Abenteuerexpeditionen, bei denen wir stundenlang den Strand entlang laufen und bei Seesternen, verlassenen Booten und hübschen Blüten Halt machen, um zu staunen, gehören wie Rams versunkenem Mundharmonikaspielen auf dem Teppich vor meiner Hütte zu meinen Lieblingsbeschäftigungen.
Weniger Fan bin ich von den vielen lauthalsigen Zankereien und oft nicht ungefährlichen Kampfspielen, die bei zwei so temperamentvollen Persönlichkeiten verlässlich an der Tagesordnung stehen. Ihre unbändige, rohe Energie gepaart mit einer kindlichen Sanftheit, mit der sie sich zwischendurch an mich herankuscheln und mit Zuneigung überhäufen, bilden einen Kontrast, der mich herausfordert und fasziniert.
Meine Pausen beschränken sich vorwiegend auf Essen und Schlafen. In dem großen, mit Unmengen an Teppichen und Kissen ausgestatteten Essensbereich, der von allen „Restaurant" genannt wird, erwartet mich drei Mal am Tag in mehreren Variationen ein Teller mit Fladenbrot, Ful (einem gewöhnungsbedürftigen Dip aus Bohnen, der in seiner Nahrhaftigkeit jedoch kaum zu toppen ist), frischem Gemüse und Omelette. Zubereitet von Bushra, der ungefähr in meinem Alter ist, immer ein Grinsen auf dem Gesicht hat, aus dem Sudan stammt und kein Wort Englisch spricht. Umso lustiger gestaltet sich unsere Kommunikation – ich benutze die wenigen arabischen Worte, die ich kenne, um „danke", „lecker" und „mehr Fladenbrot" zu sagen und vertreibe mir die Wartezeit auf das Essen oft damit, zur sudanesischen Musik zu tanzen, die er beim Kochen aus seinen Handylautsprechern laufen lässt.

Ebenfalls aus dem Sudan kommt Achmad, der sich um Ranas und Mishos Haushalt kümmert. Fast jeden Morgen, wenn ich mit Ram und Rawi spiele und noch kein Frühstück hatte, bringt er mir einen Teller mit frischem Obst. Er ist ein paar Jahre älter als ich und mir in seiner eher introvertierten, aber herzlichen Energie sehr ähnlich, sodass wir uns auch ohne Worte gut verstehen und einander schnell ans Herz wachsen. Trotz allem freue ich mich sehr darüber, als eines Tages ein neuer Mitarbeiter aus Kairo ankommt, der nahezu fließend Englisch spricht und ich damit jemanden habe, mit dem ich tatsächliche Unterhaltungen führen kann.

Baghdadi ist Mitte dreißig und strahlt eine unglaubliche Achtsamkeit und Wertschätzung gegenüber jedem Moment aus. Mit ihm kann ich mich wunderbar über die wesentlichen Fragen des Lebens unterhalten, aber genau so wunderbar in Stille aufs Meer hinausblicken und wissen, dass jemand neben mir sitzt und bei diesem Anblick ähnlich ergreifendes fühlt.

21.02.2022

Hier spüre ich die Sonne auf meiner Haut, den Sand unter meinen Füßen, Berge in meinem Rücken, den Himmel voller Sterne über mir. Jeden Morgen wache ich auf zum Rauschen des Meeres, jeden Abend schlafe ich dazu ein.
Hier ist das Leben nah, meine Sinne erhalten Sinn... ja, was ist dein Sinn des Lebens?
Wie spürst du, dass du lebendig bist?

Diese Zeilen schreibe ich, nachdem ich von meinem nächtlichen Ritual, vor dem zu Bett gehen einen langen Blick in den Sternenhimmel zu werfen, zurück in meine Hütte komme.

Es gibt mir so viel, die Genussfähigkeit meiner Sinne hier auf ihre Kosten kommen zu lassen. Sie nicht durch pausenlosen Konsum zufriedenzustellen - oder eher zu betäuben. Sondern ihnen wirklichen, natürlichen Eindrücken auszusetzen. Körper und Geist wieder dem Rhythmus der Natur anzupassen. Der langsamer ist, doch umso nährender. Dadurch zu erfahren, dass Mehr tatsächlich nicht immer Besser bedeutet.

Meer schon.

Zu seinem sachten Rauschen decke ich mich zu.

Bevor mir die Augen zufallen, klopft es. Ich rolle mich unterm Mückennetz hindurch aus dem Bett und öffne die Tür. Schemenhaft erkenne ich Achmad, der mich zu einem Lagerfeuer einlädt, das wenige Schritte von uns entfernt die schwarze Nacht erleuchtet. Im Schlafanzug und auf Socken folge ich ihm durch den kühlen Sand und freue mich über die Wärme des Feuers. Achmad hält mir den glühenden Stängel eines Joints hin, an dem ich ziehe und mit geschlossenen Augen genieße, wie eine Welle wohliger Entspannung durch meinen Körper fährt. Auch Baghdadi gesellt sich zu uns und beginnt, sich leise mit Achmad zu unterhalten.

Die arabische Sprache vermischt mit dem Knistern des Feuers klingt in meinen Ohren wie eine längst vergessene Melodie, der ich mit geschlossenen Augen hingebungsvoll lausche. Tief in mir seufzt etwas auf. Dieses Gefühl tiefer Verbundenheit zur arabischen Welt, es lässt mich nicht los. Ich lasse das Geheimnisvolle geheimnisvoll bleiben und genieße mit allen Sinnen den Moment, bis mich mal wieder das Bedürfnis nach Schokolade packt. Durch meine Zeit hier im Camp kenne ich definitiv die Antwort auf die Frage, was ich mit auf eine einsame Insel mitnehmen würde – ein letzter Rest meines gewohnten Konsumverhalten ist wohl noch übrig. Auf meinem Handy öffne ich Google Übersetzer und tippe:

„Du hast nicht zufällig noch Schokoladenvorräte?" an Achmad gewandt. Er scheint kurz zu überlegen, bis er in sein Handy tippt und ich auf seinem Bildschirm lese:

„Leider nein. Aber ich habe Aladdins Lampe, wünsch dir, was du willst" Wir lachen. Aladdins Lampe ist ja schön und gut, aber wie er hier am Rande der Wüste, mitten in der Nacht, an Schokolade kommen soll, das erscheint mir ziemlich unmöglich. Doch er meint es ernst.

„Let me make some calls", sagt er dann und verschwindet an seinem Handy tippend in der Dunkelheit. Schon wieder muss ich lachen. Ruft er jetzt seine Schokoladendealer an, oder wie? Und tatsächlich. Wenige Minuten später kommt er zurück und drückt mir zwei Schokoriegel in die Hand. Perplex sehe ich ihn einige Augenblicke an, bis ich wieder mein Handy zur

Hilfe nehme, um ihn nach der Herkunft der Riegel zu fragen. Doch als er meine Frage liest, zuckt er nur grinsend mit den Schultern und sagt: „Aladdin!"

Bis heute weiß ich nicht, wo diese Schokolade herkam und was für Calls er gemacht hat. Allerdings liegt im Sinai so viel Magie in der Luft, da ist selbst Aladdins Lampe als Erklärung gar nicht so unwahrscheinlich.

Und tatsächlich kommt Hanna mich für einen Tag im Camp besuchen. Ich wache gerade von meinem Mittagsschlaf am Strand auf, als sie mich aus ihren grünen Augen und einem sonnenverbrannten Gesicht, aus dem das Abenteuer spricht, angrinst. Bis in die Nacht erzählen wir einander von diesen Abenteuern, die wir in der Zwischenzeit erlebt haben. Und so sehr ich das Eintauchen in die Fremde liebe, so segensreich ist das Auftauchen eines bekannten Gesichts inmitten des Unbekannten.

24.02.2022

Liebe Hanna, ich esse gerade die Chips und Nüsse, die du mir hiergelassen hast, und bin von Dankbarkeit erfüllt, weil ich dich kenne. Du bist so vieles, was ich gerne wäre, und ein paar Schritte dieses Lebens mit dir gemeinsam zu gehen, ist mir ein Schatz.

Hanna liegt mir so am Herzen, weil sie mich zu mir selbst inspiriert. Je näher ich sie kennenlerne, so scheint es mir, desto näher lerne ich mich selbst kennen, desto mehr Wege finde ich aus meinem Schildkrötenpanzer heraus in eine Art zu leben, bei der ich mich nicht zögernd und geduckt durch die Welt bewege, sondern mutig und direkt und ungezähmt. Hanna und ich sind im Kern zutiefst verwandt, doch schlagen unsere Pendel in entgegengesetzte Richtungen aus, wie Feuer und Wasser.

Und gerade darin liegt die große Chance, aneinander zu wachsen, das Eigene im Anderen zu erkennen, das Andere im Eigenen. Zu entdecken, wie genug Raum für beides da ist, ja für alles, was wir sind. Und darum würde ich den Satz in meinem Tagebucheintrag heute ändern von „Du bist so vieles, was ich gerne wäre" zu „Du öffnest mir die Augen für alles, was ich bin".

Denn was wir an anderen Menschen wertschätzen, schlummert auch in uns selbst.

Als Hanna geht, kehren die Zweifel wieder.

Was mache ich hier? Wieso fahre ich nicht mit nach Dahab? Plötzlich fühlt sich alles falsch an.

Die Kinder zu laut, alles andere zu leise. In mir drin zu viel, um mich herum zu wenig.

Meine Welt hängt an einem Pendel, das von Extrem zu Extrem schwingt und verzweifelt nach dem Gleichgewicht in diesem nie enden wollenden Fall sucht. Mich plagt der unbezwingbare Drang, die Dinge in richtig und falsch einordnen zu wollen, mein Kopf spinnt tonnenschwere Konsequenzen aus jeder meiner Entscheidungen. Die große Angst, etwas übersehen zu haben; zu sein, wo ich nicht hingehöre; niemals wieder herauszufinden aus dem Schmerz in meiner Brust, mich immer irgendwie verloren zu fühlen.

Zwei Seelen, nein, Hunderte wohnen in meiner Brust…

Diese Zweifel sind der Preis für die Freiheit, seine eigenen Entscheidungen treffen zu können. Phasen quälenden Hinterfragens, der auf meiner brennenden Stirn lastende Druck, die beste aller Möglichkeiten zu wählen.

Die Abendsonne küsst die Erde zu ihren Füßen mit einem so sanften, fließenden Licht, dass sich mein Herz im Kontrast dazu nur noch schwerer anfühlt. Wie wenig schert sich die Natur um richtig oder falsch, ist sie doch ohnehin ständiges Entfalten und Vergehen. Ich wünschte, ich könnte mich ihrer Weisheit näher fühlen, als ich es gerade tue. Meine Hand greift zum Handy, vielleicht kann der Kontakt zu einem meiner Freunde die festgezogenen Schnüre in meinem Kopf ein wenig lockern.

Und während ich über den Bildschirm scrolle, reißt mich ein weit entferntes „Conni!" aus meinen Gedanken.

Ich hebe den Kopf und sehe etwa 200 Meter von mir den kleinen Ram auf mich zulaufen kommen, mit einem roten Plastikstuhl unterm Arm, der nur gerade so kleiner ist als er selbst. Seine braunen Locken wippen auf und ab, und mit jedem weiteren Meter, dem er sich mir nähert, zerfließt das Druckgefühl auf meinem Herzen ein Stückchen mehr.

Außer Puste und mit einem Grinsen im Gesicht macht er vor mir Halt, seine grünen Augen leuchten, als er fragt: „Can I sit with you?"

„Du… möchtest dich zu mir setzen?", frage ich fassungslos gerührt nach.

„Ja! Ich habe dich aus meinem Fenster hier sitzen sehen, und weil der Sonnenuntergang gerade so schön ist, hatte ich Lust, ihn mit dir gemeinsam anzusehen und ein bisschen zu quatschen. Da habe ich meinen roten Stuhl unter den Arm genommen und…" Ich kann mich nicht länger zurückhalten und schließe Ram fest in meine Arme.

„Aber natürlich können wir uns gemeinsam den Sonnenuntergang ansehen, ich freue mich immer über dich! Hier, nimm Platz"

Er stellt sein Stühlchen neben mich, setzt sich mit durchgestrecktem Rücken darauf und zusammen genießen wir die letzten segnenden Strahlen der Sonne, tauschen uns über die warmen Farben am Himmel aus, über unsere Dankbarkeit für den heutigen Tag. Als das friedliche Spektakel vorüber ist und die Dunkelheit eintritt, packt Ram seinen Stuhl unter den einen Arm, winkt mir mit dem anderen zu und läuft zurück in sein Haus. Herzerwärmt schaue ich ihm hinterher.

Auch noch so gründliches Hin- und Herwälzen meiner Gedanken hätte diese Lösung für meine Zweifel nicht planen können. Spontane Lichtblicke, die sich auf einer ganz anderen Ebene als der des Problems bewegen, und diesem vielleicht gerade deswegen seine Dramatik nehmen. Manchmal müssen wir daran erinnert werden, dass eine Realität außerhalb unseres Kopfes existiert, der gerne mal alles schwarz malt. Die Realität ist bunt. Und meistens deutlich harmloser, als wir denken.

Ich atme die klare Abendluft ein und jegliche Dringlichkeit, mir sicher über etwas sein zu müssen, aus.

Selbst, wenn ich etwas verloren bin – dann bin ich das gerne an diesem Ort.

Als ich am nächsten Tag Ranas Haus betrete, höre ich sie zu Ram folgendes sagen:
„Es geht nicht um besser oder schlechter, man braucht Dinge nicht miteinander zu vergleichen – sie sind einfach, was sie sind."
Diese Worte schreibe ich kurz darauf in mein Tagebuch und halte sie mir ab sofort jedes Mal vor Augen, wenn ich Erfahrungen durch das Einordnen in Kategorien zu verstehen versuche - anstatt sie einfach das sein zu lassen, was sie sind. Was eine Erleichterung.

Am nächsten Morgen wache ich früh auf. Früher als alle anderen. Naja, fast – Baghdadi treibt sich schon seit 5 Uhr draußen herum, weil er sich keinen einzigen Sonnenaufgang entgehen lässt.
Es ist mein freier Tag, und so packe ich meinen Beutel mit Buch, Stift und Wasser und stapfe aus dem Camp Gelände hinaus auf die leere, lange Straße, hinter der sich die Berge stumm und reglos türmen.

Während ich die verschiedenen Felsformationen bestaune, bleibt mein Blick an einem ganz bestimmten Felsen hängen, der sich durch ein beinahe goldenes Glänzen seiner Oberfläche von den anderen abhebt. In seiner Spitze meine ich das Lächeln eines Delfins zu erkennen, und so mache ich mich, ohne lange zu überlegen, auf und klettere ihn einige Meter hoch, bis ich mich zufrieden auf einer Ebene niederlasse, die wie für mich gemacht zu sein scheint.
Es ist wieder einer dieser Momente, in denen ich kopfschüttelnd zu lachen beginne, nicht glauben könnend, dass ich dieses Leben tatsächlich führe. In einem Berg am Rande der Wüste sitzend, im sanften Licht der Morgensonne und mit Blick gen Horizont. Ich verschränke meine Beine im Schneidersitz, strecke den Rücken durch, lege den Kopf in den Nacken und nehme einen tiefen, mit Dankbarkeit erfüllten Atemzug. Dann öffne ich meinen Beutel, um das Buch herauszuholen, das ich mir extra für diese Reise besorgt habe: Weisheiten eines Tuareg. Das Cover ziert eine Sanddüne aus der Sahara.

In ganz besonderen Momenten verwandeln sich Worte in Schlüssel, die dich öffnen für deinen nächsten Schritt auf dem Weg von der Geschichte deines Herzens. Diesen Moment erlebe ich, als der Südwind durch meine Seiten blättert und meinen Finger auf einer von ihnen verharren lässt:

„Er fühlte sich, als sei er ein anderer Mensch. Und er war es tatsächlich. Wer den Mut besitzt, Nein zu sagen, und wer sich tief in sich selbst versenkt hat, hat nicht nur eine Quelle mit Wasser gefunden, sondern seine eigenen Wurzeln ausgegraben. Er hat die Seele, die in ihm wohnt, zum Vorschein gebracht."

Was ein Geschenk, sich von den Worten anderer erinnern zu lassen. Auf meinen Reisen sind sie unerlässliche Gefährten, kann man sich doch auf sich allein gestellt viel zu schnell in den eigenen Denkmustern verfangen. Da braucht es Wegweiser von außen.

Ich verweile noch eine Zeit lang in meinem Delfinfelsen, verwöhne auf dem Rücken liegend meine Augen mit dem klaren Blau des Himmels, das von goldenen Bergspitzen umrahmt wird. Mein Geist ist leer und entspannt, ich bade in meiner Freiheit, hier oben nichts und niemandem auf der Welt etwas zu schulden. Nichts tun, nichts werden zu müssen, einfach sein zu können. Ungebunden wie die Vögel in den Lüften.

25.02.2022

Diese Worte und weitere habe ich heute am frühen Morgen gelesen, als ich am golden schimmernden Delfinfelsen saß, und beim Lesen dieser Wüstenweisheiten fühlte ich mich zur richtigen Zeit am richtigen Ort. Der Südwind weht unerlässlich, und allmählich erkenne ich die Segnungen, die darin liegen, an diesem Ort zu leben, der so weit weg von allem anderen zu sein scheint. Nur eine einzige Straße führt in undefinierbarer Weite nach rechts und nach links; als einzige Entdeckungsmöglichkeiten bleiben die Berge als Pforte zur Wüste und auf der anderen Seite das Meer mit seiner

unterirdischen Korallenwelt. So, wie meine Haut Schicht für
Schicht unter dem Einfluss der Elemente abblättert, bröckelt
auch meine Emotionen- und Gedankenwelt gewaltig, und an
diesem Morgen in der Stille der Berge ergriff mich die
Ahnung, dass das etwas sehr Gutes sein könnte, dass auch ich
tatsächlich ein anderer Mensch hier werden könnte, wenn ich
mich von allen liebgewonnenen Fesseln des Bekannten löse
und mich auf den Grund der Fremde dieses Ortes und meines
Selbst wage.

Ich bin gerade auf dem Weg zur Toilette, da sehe ich Rana von
weitem zu mir herüberwinken. Sie scheint mir etwas mitteilen
zu wollen. Als ich bei ihr ankomme, sagt sie:
„Misho, Hafez, die Kinder und ich machen heute einen
Ausflug nach Dahab. Und weil ja heute dein freier Tag ist,
können wir dich gerne dorthin mitnehmen und du kannst
nochmal Zeit mit Hanna und deinen Freunden verbringen.
Hättest du Lust?"
In mir jubelt es. „Ja, gerne!"

Dahab II

Eine halbe Stunde später sitze ich grinsend zu heruntergelassenen Fenstern, lauter Musik und tanzenden Menschen im Auto. Das Universum ist schon lustig. Erhört meine Wünsche in dem Moment, in dem ich sie losgelassen habe.

Oft liegt nicht im Kampf und Widerstand die Lösung, sondern in der Hingabe und Annahme. Entscheiden zu können, wann was notwendig ist, darin liegt die Kunst.

Nach anderthalb Stunden Fahrt durch die Wüstenberge erreichen wir das bunt bemalte „Welcome To Dahab" Schild, das mein Herz vor Vorfreude schneller klopfen lässt.

„Wo sollen wir dich am besten rauslassen?", fragt Misho zu mir gewandt. Da fällt mir ein, dass ich ganz ohne Plan hier bin. Ich habe niemandem Bescheid gesagt, dass ich komme, habe auch keine Internetverbindung mit meinem Handy, um das zu tun. Ich grinse.

„Hier ist gut!", sage ich an einer völlig willkürlichen Stelle, hüpfe aus dem Auto, sehe ihm noch hinterher, bevor ich lächelnd die Augen schließe und einen tiefen Atemzug voller Freiheit, Ungewissheit und Abenteuerlust nehme. Zufrieden öffne ich die Augen und mein Herz gleich mit, lasse es mich durch die Straßen führen und genieße das Spiel, das ich mit dem Leben spiele. Was hältst du für mich bereit? Ich stehe dir nicht im Weg, nimm mich mit dahin, wo ich sein soll.

Das lebhafte Dahab ist ein so wunderbarer und ersehnter Kontrast zu der Ruhe Nuweibas. Selbst die hupenden Autos und rufenden Ladenbesitzer sind nach wochenlanger Stille wie Musik für meine Ohren. Mich einfach durch die Gassen treiben zu lassen und die Menschen bei ihren alltäglichen Beschäftigungen zu beobachten, ganz ohne Ziel und aus reiner Freude am Weg, ist das Schönste für mich.

Das Schönste an Dahab ist auch, dass seine Lebhaftigkeit keinesfalls mit Stress einhergeht. Es sprudelt, vibriert, lebt - doch auf eine so genießerische, zwanglose Art und Weise, dass er mein Herz schneller schlagen und doch gleichzeitig zur Ruhe kommen lässt.

Und, wie Hanna mir ganz zu Beginn gesagt hat – hier kommt alles ganz von selbst zu mir.

In meinem Fall ist das Friday, der gerade um die Ecke biegt, als ich auf dem Bürgersteig sitze und in eine Falafel Pita hineinbeiße.

Friday habe ich in meiner ersten Woche in Dahab kurz kennen gelernt, als ich mit Nader Kaffee trinken war. Natürlich haben ihn seine Eltern nicht wirklich Friday genannt, doch weil die Übersetzung seines arabischen Namens Freitag lautet, hat sich der Spitzname so ergeben. Ich hatte ihn direkt gern und freue mich, ihm hier zu begegnen.

„Friday! Habibi", sage ich fröhlich und winke ihm zu.

„Ah, Conni! Salam Aleikum", grüßt er mit aufs Herz gelegter Hand zurück. „Schön, dich hier zu sehen. Ich dachte, du bist in Nuweiba? Magst du mir bei einem Kaffee erzählen, was dich hierher treibt?"

„Aywa!", bejahe ich sein Angebot und sitze wenige Minuten später mit ihm in dem selben Cafè am Meer, in dem ich ihn damals kennengelernt hatte.

In wenigen Sätzen erzähle ich ihm von meiner Arbeit im Camp und erkläre, was mich heute nach Dahab geführt hat.

„… und jetzt bin ich total froh darüber, hier zu sein. Dahab ist so schön!"

Friday lacht. „Yes, and lazy… lazy and beautiful."

„Ich überlege tatsächlich, ob ich eine Nacht hier bleiben soll. So könnte ich heute Abend nochmal Hanna und Sean sehen, und arbeiten muss ich eh erst morgen Mittag. Aber früh morgens fährt leider kein Bus und ich wüsste auch gar nicht, wo ich übernachten sollte…"

„Ich kann dich morgen früh nach Nuweiba fahren", unterbricht Friday meine Grübeleien. „Dann kann ich nochmal bei den Teilen meiner Familie vorbeischauen, die dort leben. Und über die Übernachtung mach dir auch keine Sorgen…", er zeigt auf einen wenige Plätze weiter sitzenden Mann, „… das ist einer meiner besten Freunde, ihm gehört hier ein Hostel. Da kannst du diese Nacht kostenlos unterkommen."

Dann ruft er in die Richtung seines Freundes: „Oder, Ataik?"

Ataik reckt den Daumen in die Höhe, und ich bin mal wieder maßlos beeindruckt von der Großzügigkeit dieser Menschen, die immer alles möglich zu machen scheinen.

„Shukran, Friday!", bedanke ich mich. „Das ist ja wunderbar!"

„Sehr gerne. Weißt du, viele Menschen haben Angst vor Reisen in Länder wie Ägypten. Weil sie nur die negativen Bilder aus den Medien kennen. Wer unvoreingenommen hierher kommt, um sich ein eigenes Bild zu machen, dem möchten wir unseren Dank für sein Vertrauen ausdrücken und zeigen, wie sicher und willkommen er sich an diesem schönen, friedlichen Ort fühlen kann"

„Das tue ich auf jeden Fall. Und ich werde nie damit aufhören, Menschen in Deutschland und in aller Welt von der Schönheit dieser Länder zu erzählen, von der grenzenlosen Gastfreundschaft der Menschen, der man begegnet, wenn man nicht auf jede Reisewarnung und Panikmache hört"

„Ganz genau", schaltet sich Ataik ein, der hinter uns auftaucht. „Sollen wir nach dem Kaffee mal gemeinsam zu meinem Hostel gehen und ich zeige dir dein Zimmer? Dort kannst du auch dein Gepäck abstellen"

„Welches Gepäck?", lache ich und hebe symbolisch meine leeren Handflächen in die Luft.

Ich leihe mir noch kurz Fridays Handy, um mit Rana abzuklären, dass ich erst morgen früh wiederkomme, und mache mich dann mit den beiden auf zum Hostel.

Schon der Außenbereich ist wunderschön. Die für den Sinai typischen bunten Sitzkissen laden ein zum Verweilen und Träumen, mehrere Katzen schleichen genüsslich schnurrend über die Holzbalken und nur wenige Schritte weiter hört man das Rauschen des Meeres. Wir suchen uns einen gemütlichen Platz im Schatten, bekommen leckeren Tee serviert und hier sehe ich meine Chance, von diesen Männern mehr über die Lebensphilosophie der Beduinen erfahren zu können.

„Könnt ihr mir ein bisschen von eurem Leben als Beduinen erzählen? Was ist euch wichtig, was gibt euch die Wüste?"

Ataik stellt sein Glas Tee auf dem Tisch ab und beginnt: „Die Wüste gibt uns genau das – die Erkenntnis darüber, was wirklich wichtig ist, und was nicht. Wem das bewusst ist, der erspart sich die Last, sein Leben unnötig kompliziert zu machen"

„Ja, das kann ich mir vorstellen", sage ich, „ich lerne hier auch immer mehr, dass das Leben zwar komplex ist, ich es aber nicht kompliziert machen muss. Im Grunde genommen ist es sogar ganz simpel"

„Genau", stimmt Friday zu, „man nehme das Umhergehetze vieler Menschen als Beispiel. Wieso ist es ihnen so wichtig, möglichst schnell irgendwo anzukommen? Schneller als andere? In unserem Beduinenstamm herrsch kein Konkurrenzdenken, weil sowieso alles miteinander geteilt wird. Außerdem geht einem dabei doch viel zu schnell die Puste aus. Auch das lehrt uns die Wüste. Wenn wir einen Berg besteigen müssen, können wir das eilig und angestrengt machen, oder aber auch entspannt und gelassen. Der Berg bleibt dabei derselbe. Alleine wir sind es, die sich ändern und damit auch unsere Wahrnehmung vom Berg."

Ich erinnere mich an mein persönlich Wüstenerlebnis mit Nader, Sheilan und dem Berg, auf dem ich meine Angst in Vertrauen umwandeln lassen durfte.

„Das ist wunderschön. Wir können so viel voneinander lernen, uns inspirieren lassen von Lebensweisen, die sich von denen, mit denen wir aufgewachsen sind, unterscheiden. Ich danke euch", sage ich und empfange zwei lächelnde Kopfnicken.

Am nächsten Morgen wache ich lächelnd auf. Mein Vorhang flattert im Wind der Morgenbrise durch das gekippte Fenster, und anstatt ihn beiseite zu ziehen, um die Sonne zu begrüßen, schlüpfe ich in meine Sandalen und trete direkt hinaus ins Freie. Was für ein Glück mir frühe Morgenstunden bescheren, denke ich mir. Wach zu sein, während andere noch träumen, die Reinheit eines unangetasteten Tages zu fühlen, dessen Geschichte erst noch erzählt werden darf, die sanfte Kraft der aufgehenden Sonne.

Und dann mache ich es, wie ich es am liebsten mache – ich gehe einfach los.

Das lebendige Treiben der letzten Nacht ist einer friedlichen Ruhe gewichen, die mich durch die leergefegten Straßen begleitet. Vorbei an all den Shops, die ihre Türen noch geschlossen haben und sich von ihrer abendlichen Aufdringlichkeit nichts anmerken lassen. Allein die kleinen Kioske haben bereits geöffnet, und so kaufe ich mir zwei Schokocroissants und setze meinen Weg ohne Ziel fort. Jetzt würde nur noch ein Kaffee fehlen, denke ich mir, und da taucht links von mir ein junger Mann auf, der sagt:

„Hey, good morning. Hättest du Lust, meinen Kaffee zu probieren?"

Eigentlich habe ich mir angewöhnt, das ständige Anwerben diverser Ladenbesitzer zu ignorieren, doch bei diesem Mann ist es anders. Ganz unaufdringlich, beinahe schüchtern hat er gefragt, und als ich mich zu ihm umdrehe, sehe ich Wahrhaftigkeit in seinen Augen glänzen.

„Gerne", lächle ich zurück und entscheide mich für einen türkischen Kaffee.

Ich gehe durch den Innenbereich seines Cafés hin zu seiner Terrasse, die unmittelbar am Meer angrenzt. So weit ins Meer hineinragt, dass ich unter mir den Puls der ineinander greifenden Wellen spüre.

Da kommt auch schon mein türkischer Kaffee, der mit einem kleinen Brownie serviert wird. Ich bedanke mich, packe meinen Croissant aus und beiße genüsslich hinein, bevor ich den ersten Schluck trinke.

Kaffee, Croissant, Meer – purer Segen.

Ich verbringe weitere rundum wohlige Momente, bis ich das

reine Flüstern des Morgens dem heranbahnenden Plaudern des Tages weichen spüre und aufstehe, um zu bezahlen. Doch als ich ihm die Scheine hinhalte, lehnt er ab: „Ich habe dich gefragt, ob du meinen Kaffee probieren möchtest - das war eine Einladung!"

Ich bin gerührt. Und halte ihm die Scheine noch immer hin: „Der Kaffee war so lecker und die Aussicht so schön, dafür möchte ich gerne etwas zurückgeben!"

Doch er schüttelt den Kopf. Da frage ich ihn nach seinem Namen.

„Ich bin Sayed. Und es freut mich sehr, dass dir mein Kaffee geschmeckt hat. Wenn du nächstes Mal kommst, kannst du bezahlen – einverstanden?"

Nickend stimme ich zu. Ganz bestimmt komme ich wieder. Dahab ist einfach zu gut zu mir – doch das denke ich mir an nahezu allen Orten, an die ich reise.

Meine Wertschätzung, die ich für diese Orte und Menschen jeden Augenblick empfinde, wird mir immer und immer wieder in Situationen wie diesen gespiegelt.

Ich öffne diesen Orten mein Herz, sie füllen es mit nichts als Liebe.

Später am Mittag treffe ich mich mit Friday, der mich zurück nach Nuweiba kutschiert.

An der Grenzkontrolle, die sich am äußersten Rande Dahabs befindet, steigt ein Polizist zu uns auf die Rückbank.

Mittlerweile kommt mir nicht einmal mehr in den Sinn, nach einer Erklärung dafür zu fragen. Auf Reisen, besonders in Ländern, deren Kulturen sich stark von der eigenen unterscheiden, gewöhnt man sich irgendwann ans Unbekannte. Sicherlich gibt es viele Menschen, die nie aufhören zu fragen und wissen zu wollen, und in gewissen Bereichen gehöre ich auch dazu. Doch gleichzeitig genieße ich es manchmal sehr, aus der Welt des Hinterfragens auszusteigen und in eine annehmende Passivität zu schlüpfen, die die Dinge einfach passieren und dies genug sein lässt. Im vorhersehbaren Alltag in Deutschland wirkt jede Ungewissheit bedrohlich, doch auf Reisen entpuppt sich mir die Ungewissheit als natürlicher Zustand des Lebens und darum als nichts, gegen das man anzukämpfen hätte. Dass Friday und der Polizist sich lachend unterhalten, reicht mir als Beweis, dass alles gut ist, vollkommen.

Auf der Straße, die sich als einziges Zeichen für Zivilisation unermüdlich durch die bergige Wüstenlandschaft schlängelt, überkommt mich aufs Neue ein Bewusstsein darüber, wo ich hier tatsächlich bin. Immer mal wieder tauchen in der erdigen Landschaft dunkle Fleckchen auf, bei denen es sich bei näherem Hinsehen um Beduinen handelt, die ihre Ziegen- und Kamelherden durch die Weite treiben und an den kostbaren Pflanzen nagen lassen. Es erfüllt mich mit Stolz und Demut zugleich, ein kleiner Teil dieser besonderen Kulisse einer so ursprünglichen, beinahe unberührten Landschaft sein zu dürfen.

Mitten auf der Straße (naja, wo auch sonst?) hält Friday plötzlich an und steigt aus. Der abgeschaltete Motor erlaubt meiner so verehrten Stille, sich wie zwei beruhigende Hände um meine Ohren zu legen. Man kann sie förmlich sehen, die Stille, denke ich, als ich das Fenster vollständig herunterkurble.

Friday wandert mit aufmerksamen Schritten und gesenktem Kopf über die Erde, geht dann plötzlich in die Hocke und – pflückt Blumen. Unwillkürlich muss ich lächeln. Ihn so zu sehen, in seinem weißen Gewand eine nach der anderen Blume pflückend, mitten im Nirgendwo, berührt mich sehr.

Das Geheimnis wird gelüftet, als er sich mit dem Pflanzenbüschel zurück zu uns ins Auto setzt und erklärt, dass sich diese zarten Blumen mit ihren fliederfarbenen Blüten essen lassen. Zu dieser Zeit im Jahr würden sie überall in der Wüste wachsen. Neugierig nehme ich einen Stängel in die Hand und rupfe ein paar Blätter ab, in die ich hineinbeiße. Und tatsächlich – es ist eine einzige Geschmacksexplosion. Ich greife mir direkt einen ganzen Büschel, und auch der Polizist auf der Rückbank bekommt eine Handvoll, und so kauen wir den Rest der Fahrt genüsslich wie die Kamele auf diesen Wunderblumen, die in der rauen Kargheit der Wüste ein Fest für die Sinne sind.

Nuweiba II

Wie froh ich bin, als ich zur goldenen Stunde das Camp betrete. Wie verblasst all die Zweifel, die ich an diesen Ort hatte. Manchmal braucht es Abstand, um wieder klar sehen zu können. Manchmal müssen wir uns verabschieden, um wieder ankommen zu können. Um zu spüren, dass wir vermisst haben, und um zu hören, dass wir vermisst wurden.

Das tue ich von jedem einzelnen Menschen, der mich so herzlich in die Arme schließt, als wäre ich nicht eine, sondern hundert Nächte fortgewesen.

Als Ram, Rawi und ich gerade imaginäre Piratenabenteuer in einem verlassenen Boot am Strand erleben, kommt Bushra übers ganze Gesicht grinsend hergelaufen, schnappt sich Rawi, setzt diesen auf seine Schultern und läuft Richtung Haus. „Hey!", rufe ich spielerisch empört, und zu Ram gewandt: „Ein böser Pirat, der Rawi gekidnappt hat – yalla yalla!"
So wirbeln wir den Sand auf, als wir den beiden hinterherrennen, und als ich gerade denke, spaßiger könnte dieser Abend nicht mehr werden, höre ich ägyptische Musik aus Richtung des Hauses, sehe tanzende Menschen auf seiner Terrasse. Eine spontane Party zum Sonnenuntergang? Wir laufen schneller.

Was folgen, sind Stunden voller Spaß. Zum Amüsieren aller stelle ich meine gestern gelernten ägyptischen Tanzmoves zur Schau und singe die paar Wörter mit, die ich bereits kenne. Die kleinen Jungs springen und zappeln zu unseren Anfeuerungsrufen im Kreis, die großen Jungs machen im Grunde genommen genau dasselbe, und ich tanze und lache mittendrin, mitten in ihrem Leuchten, das diese Menschen durchdringt, das durch ihre wachen Augen herausstrahlt. Ein Leuchten, das nur Menschen tragen können, die sich die Verbundenheit zu ihrem inneren Kind bewahrt haben, zu ihrer natürlichen Lebensenergie, die ungehindert durch sie hindurchfließen kann.

Als wir uns ausgetanzt haben und ich mich müde und

glücklich auf den Weg zu meiner Hütte mache, sehe ich
Baghdadi vor seiner Hütte sitzen. Sein Blick begegnet
meinem, woraufhin er mich zu ihm winkt und mir ein kleines
Glas Tee anbietet. Ich nehme neben ihm Platz und lege, genau
wie er, meinen Kopf in den Nacken: über uns funkeln die
Sterne, und vielleicht auch in uns drin.

Er beginnt, zu sprechen. Jedem seiner Worte wohnt eine
Präsenz inne, die einem keine andere Wahl lässt, als völlig mit
in den Moment gesogen zu werden. Mit ihm zu reden ist wie
Meditation.

„Das Leben hier ist… pur. Nah an der Erde. Aus ihr kommen
wir, zu ihr gehen wir eines Tages zurück"

Ich grabe meine Zehen tiefer in den kühlen Sand.

„Ja", stimme ich ihm zu, „hier fühle ich mich sehr nah zu dem,
woraus ich gemacht bin", und atme das Rauschen der Wellen
ein.

Baghdadi richtet sich ein Stückchen mehr auf, als würde das,
was er als nächstes sagen wird, große Bedeutung für ihn
haben.

„Menschen müssen die Verbundenheit zu sich selbst
wiederfinden. Die Flamme, die in ihnen brennt, sie am Leben
fühlen lässt. Die sie aus ihrem bekannten Terrain über ihre
Grenzen hinaus lockt. Sie müssen wieder herausfinden,
wonach sie sich sehnen, worauf sie hoffen"

Seine Worte resonieren sehr mit meiner Wahrnehmung der
Welt, und ich ergänze: „Ich glaube, dieser ungeheure
Leistungsanspruch der modernen Welt ist es, der viele
Menschen davon abhält, sich mit sich selbst und ehrlich
miteinander zu verbinden. Dieses rastlose Streben scheint
jeden Lebensschritt zu bestimmen, jede große Entscheidung zu
prägen… bei all dem Tun und Produzieren, wo bleibt da der
Raum fürs bloße Sein? Fürs Fühlen, Durchatmen… fürs
Erforschen der Tiefe dessen, was wir wirklich sind?"

Baghdadi nickt: „Auch ich bin viele Jahre dem Geld
hinterhergerannt, in Kairo war ich Anwalt, kannst du dir das
vorstellen? Doch wirkliche Erfüllung empfinde ich nur hier,
wo mich die Natur jeden Tag mit ihrer Schönheit beschenkt,
ohne irgendetwas dafür im Gegenzug zu verlangen. Was ein
Segen! Mehr brauche ich nicht"

„Und genau das ist der wahre Reichtum, Baghdadi: eine Seele zu haben, die offen und sensibel ist für diese Schönheit des Lebens. Die nicht nach immer mehr strebt, sondern die Fülle der Existenz schon im Moment selbst erkennt. Dieser Sinn für die Schönheit des Lebens lässt sich mit Geld nicht erkaufen und ist doch das Wertvollste, das wir besitzen können."

„Oh ja. Wir opfern so viele Jahre, Jahrzehnte dafür, uns auf das Leben vorzubereiten, eine imaginäre Zukunft, die nie eintritt…"

„… dass wir dabei vergessen, dass wir gerade jetzt lebendig sind. Nur jetzt."

Baghdadi lächelt mich aus seinen braunen Augen heraus an, und wir beide danken uns gegenseitig im Stillen dafür, wie sehr wir uns voneinander verstanden fühlen.

„Es kommt nicht oft vor, dass ich mit Menschen so viel rede", sagt er nach einigen Momenten des Schweigens, „was nicht daran liegt, dass ich schüchtern bin. Ich gebe Menschen einfach gerne Raum"

Wie dankbar ich bin für Menschen wie Baghdadi.

*Immer öfter taucht nun eine Stimme in mir auf, die sagt: ganz
ruhig, alles halb so wild – bevor sich meine Gedanken zu tief
in Sorgenfluten stürzen.*

Für Kopfmenschen wie mich ist es ein Segen, in Länder wie
Ägypten zu reisen und mich von der Unbeschwertheit ihrer
Herzensmenschen anstecken zu lassen. In ihrer Anwesenheit
merke ich, dass ich mir über Dinge oft mehr Gedanken mache,
als es eigentlich nötig wäre, dass diese Dinge meist weniger
ernst sind, als ich sie mir mache. Dass sich die Welt auch
weiterdreht, wenn ich nicht jede mögliche Frage gestellt, jede
mögliche Antwort gefunden habe. Dass wir die Dinge nicht
benennen müssen, um sie zu verstehen, ja, dass wir sie nicht
einmal verstehen müssen, um sie zu leben. Und darum geht es
schließlich: alles zu leben. Aus ganzem Herzen.
Ich freue mich über diesen Menschen, der ich bin, wenn ich
meinen Kopf rasten lasse und mehr aus meinem Herzen heraus
denke, fühle und handle. Ich spüre, dass dieser Mensch sich
mehr nach mir selbst anfühlt, dass seine Leichtigkeit und
Unbekümmertheit hier willkommen und selbstverständlich ist,
was in Deutschland eher auf Irritation stößt. Dort möchte
gerne ausdiskutiert, kritisch hinterfragt, angezweifelt werden –
und so sehr ich diese Fähigkeit, in Tiefe und Komplexität
denken zu können, wertschätze – uns würde ein „Hakuna
Matata" hier und da wirklich nicht schaden.
Darin liegt eins der wertvollsten Geschenke, die uns das
Reisen in fremde Kulturen machen kann – wir lernen nicht nur
die kreative Vielfältigkeit der Erde und der Menschheit
kennen, sondern auch die Vielfältigkeit der Facetten unserer
selbst, die durch die neue Umgebung wachgekitzelt werden,
endlich den nötigen Raum bekommen, sich zu zeigen.
Hier finde ich die Stimme meines Herzens wieder. Der Sinai
bringt sie zum Singen.

Als ich eines Abends vom Spielen mit Ram und Rawi komme und mich gerade auf den Weg zu meiner Hütte machen möchte, zieht mich meine Seele ans Ufer des Meeres, um unterm freien Himmelszelt ihre Flügel ausbreiten und rasten lassen zu können. Also lege ich mich auf den Rücken, getragen vom Sand und einem der Teppiche, die zusammengelegt eine kleine Sitzecke bilden für Menschen wie mich, die dem Flüstern heranrollender Wellen lauschen möchten.

Wenn ich meinen Kopf nach links neige, fällt das segnende Licht der sinkenden Sonne durch glitzernd grüne Blätterdächer auf mein Gesicht, lässt jegliche Dringlichkeiten in mir schmelzen.

Wenn ich über meinen ausgestreckten Körper hinweg nach vorne sehe, fällt mein Blick auf die heiligen Berge, deren scharfen, stillen Konturen in einer solchen Höhe in den Himmel ragen, dass ich mich frage, wie diese großen Berge in meine kleinen Augen passen.

Und wenn ich meinen Kopf auf die rechte Seite drehe, bin ich auf Augenhöhe mit meinem Freund, dem Meeresspiegel.

Nun, in welche Richtung soll ich schauen, wenn jede von ihnen doch ihre eigene, unvergleichliche Schönheit hat?

Ich lasse meinen Kopf entspannt zurücksinken, mit Blick ausgerichtet zum Himmel.

Ich atme all diese Schönheit um mich herum ein, schließe meine Augen, und beim Ausatmen fließt das Sein der Sonne, der Berge und des Meeres über in die Tiefen meines eigenen Seins.

Schönheit ist nichts von uns getrenntes; denn erst durch unsere Offenheit, von den Dingen berührt zu werden, wird die Erfahrung von Schönheit ermöglicht.

Ihr Ursprung liegt ebenso im Künstler wie im Betrachter.

Und als ich nach unbestimmter Zeit meine Augen wieder öffne, funkeln die ersten Sterne der Nacht über mir, und wenn meine kleinen Augen nicht bloß Berge, sondern sogar Sterne und Planeten und Monde in sich tragen können, dann ist das Sehende in mir vielleicht doch gar nicht so klein, sondern viel eher grenzenlos.

An einem der folgenden Tage erreicht mich ein ähnliches Gefühl der Grenzenlosigkeit, als ich meine Mittagspause dafür nutze, die Korallenwelt zu erforschen. Mit Schnorchel und Taucherbrille taste ich mich vorsichtig über die Steine ins Meer, bis ich eine Tiefe erreiche, in der ich die Füße vom Boden lösen und ins Schwimmen übergehen kann.

Die Stille unter Wasser erinnert mich an die Stille der Wüste. Die Wüste, die vor langer Zeit selbst noch Meer war.

Sobald mein Kopf ins Blaue hinabtaucht, befinde ich mich in einer Welt, in der die Gesetze der Welt über Wasser ihre Gültigkeit verlieren.

Losgelöst und zugleich getragen, schwebe ich über Korallenriffe und bunte Fische, von deren Existenz ich bisher noch nicht einmal wusste. Wie friedlich sie durch ihre Welt gleiten, wie leicht es sich hier unten träumen lässt. Ich höre das Blut in meinen Ohren rauschen, meinen Atem, der immer ruhiger und tiefer wird. So windstill habe ich das Meer noch nie erlebt; keine Wellen, nicht einmal das kleinste Kräuseln zieren die Wassertextur, völlige Klarheit breitet sich um mich herum aus und scheint die ohnehin schon langsamer ablaufende Zeit beinahe zum Stillstand zu bringen, meine Sinne zu schärfen und sänftigen zugleich.

Ich verschlucke ein bisschen Wasser, weil mein Schnorchel verrutscht. Denn ich lächle. Ich lächle, weil goldene Sonnenstrahlen durch die Wasseroberfläche fließen und das Meer türkis-grün färben, die entlang schwimmenden Fische glitzern lassen und meine Hände verzaubern, als ich diese vor meine Taucherbrille in die warmen Strahlen halte und sich darauf kleine Regenbögen bilden. Tief atmend schließe ich meine Augen und lasse mich der Wärme folgend durch diese magische Welt treiben, und als ich meine Augen wieder öffne, kriege ich einen Schreck – ungefähr zehn Meter vor mir treiben zwei Wesen, die auf den ersten Blick wirken wie Dinosaurier. Es sind Meeresschildkröten. Ich muss mich daran erinnern, weiterzuatmen und höre mein Herz dumpf klopfen. Mit genügend Abstand schwimme ich den beiden mit aufgerissenen Augen eine Weile hinterher, bis mir die Intimität und Besonderheit dieser Situation zu kostbar vorkommt, als dass ich darin eindringen dürfte. Ich halte an und lasse die beiden alleine weiterziehen.

Wenn man auf dieser Welt das Glück hat, unangetasteten Frieden zu erleben, sollte dieser auch unangetastet bleiben. Gerührt mache ich mich auf den Rückweg und merke beim Auftauchen, dass ich mich viel weiter vom Strand entfernt habe, als ich dachte. Ich ziehe mir die Schnorchelmaske vom Gesicht, lege mich mit dem Rücken auf die Wasseroberfläche und lasse mich von meinem geliebten Meer umarmen und tragen, meine Konturen mit ihm verschmelzen und auflösen in seiner Grenzenlosigkeit.

Es gibt wenige Momente, in denen ich mich meinem natürlichen Zustand näher fühle als in diesen – verschmolzen mit dem Ozean, dem Ursprung allen Lebens dieser Erde. Wenn ich meine Augen öffne, blinzeln sie der Sonne entgegen, die beflügelt wird von der Weite des Himmels, dessen unendliches Blau sich im Ozean spiegelt und in meinem Herzen, das zwischen diesen beiden auf Höhe des Horizontes schlägt. Eines Horizontes, dessen Ende weder in Reichweite noch in Sicht ist, das Geheimnisvolle in mir von einer Unendlichkeit träumen lässt, in deren Ahnung jegliche Gründe, Ängste, und ja – auch Träume – sich auflösen wie das Blau, das am Boden des Ozeans zu Schwarz verläuft.

So sehr ich die Verbundenheit zur Natur und den vielen Raum zur Kontemplation genieße, so langsam zieht es mich wieder sehr zu Menschen. Als endlich die ersten Gäste anreisen, ein Paar aus Tel Aviv, heiße ich sie beim Mittagessen willkommen und werde direkt auf eine Runde Karten eingeladen. Mona und Saar sind total angenehme, lockere Menschen, deren Energie ich dankbar auf mich überfließen lasse.

Im Laufe unserer Unterhaltung sagt Saar: „Wir leben in Tel Aviv, ja. Doch ich bin eh die meiste Zeit in der Welt unterwegs… gerade komme ich aus Griechenland. Auf Kreta haben wir jetzt ein Stück Land gekauft, aus dem wir etwas machen wollen – da kannst du dann auch gerne als Freiwillige vorbeikommen!"

Mit jedem seiner Worte beginnen meine Augen mehr zu strahlen.

„Kreta! Kreta ist… das Paradies. Alles andere wäre eine

Untertreibung"

Es folgt eine ausgedehnte Schwärmerei zwischen Saar und mir über unsere große Liebe Kreta, und mal wieder frage ich mich, wie viele Länder ich wohl noch bereisen kann, bevor mein Herz vor schierer Liebe und Sehnsucht nach all den Orten und Menschen, in denen ich einen Teil von ihm zurückgelassen habe, platzen wird. Jedes von ihnen würde sein eigenes Buch verdienen.

Doch wie ein guter Freund aus Kreta mal gesagt hat: „Um ein Buch zu schreiben, war ich viel zu beschäftigt damit, zu leben!"

Und manche Dinge sind im Herzen vielleicht besser aufgehoben als auf Papier.

Bei anderen wiederum bin ich sehr dankbar dafür, dass sie auf Papier aufgehoben wurden. Vor einigen Tagen hatte ich in der Bücherkiste hier ein Märchenbuch entdeckt, das mir meine Mittagspausen deutlich versüßt hat.

Stunden vergehen, und noch immer sitzen wir zusammen, spielen Karten und lachen. Mittlerweile sind auch Ram und Rawi dazugekommen und ich zücke mein Buch:

„Als sie am Meer angelangt waren, sahen Oyano und Gwen schweigend hinaus auf die Wellen. Dorthin, wo man sich alles erträumen darf. Und alles Erträumte auch wahr sein kann. "

Lächelnd lese ich diese Worte und sehe, als ich meinen Blick vom Buch hebe, hinein in mein persönliches wahr Erträumte. Mit Saar, Mona und den Jungs sitze ich draußen im Restaurant und empfinde nichts als Freude und Dankbarkeit für diesen besonderen Ort und seine Menschen. Diese Momente gehören zu meinen Lieblingen – wenn nicht einmal irgendetwas besonderes passieren muss, um mich glücklich zu machen, ich mich dafür bloß umzusehen brauche.

Wenn die kleinen Dinge völlig ausreichen und dadurch ihre eigentliche Größe offenbaren.

Eine Zeit lang habe ich mich nur mit den filmreifen Höhepunkten im Leben zufrieden gegeben, den gewöhnlichen Momente keine Bedeutung mehr beigemessen. Doch so etwas wie gewöhnliche Momente gibt es nicht, höchstens uns, die sich mit der Zeit ans Außergewöhnliche gewöhnt haben. An das Wunder, am Leben zu sein, in jeder Geste unserer Mitmenschen, jeder Regung unseres Herzens den Ausdruck dieser Existenz hautnah erleben zu dürfen.

Ich schaue rüber zu Saar, Ram und Rawi, die sich gerade noch lachend durchs Restaurant gejagt haben und sich nun gebannt eine Geschichte zu einer Heuschrecke ausdenken, die sich in den Kaktus neben uns gesellt hat. Mona sitzt mit geschlossenen Augen und einem seligen Lächeln daneben, und ich bin froh, die Liebenswürdigkeit dieser unaufdringlichen Momente nicht erst im Rückblick, sondern bereits im Hier und Jetzt zu erkennen.

Dann tue ich es den gerade gelesenen Worten nach und sehe hinaus auf die Wellen, die heute so wild und rau und stürmisch sind wie noch nie. Verrückt, wo ich doch heute Morgen noch in spiegelglattem Wasser geschwommen bin.

Das Meer in all seinen unendlichen Facetten kennenzulernen ist eines der vielen Geschenke, die ich hier empfangen darf. Weil es mir in gewisser Weise die Erlaubnis für das freie Ausleben meiner eigenen Facetten gibt, für das Annehmen all meiner Launen, die zwischen Ebbe und Flut liegen.

„Ram, versuch mal, auf die Wellen zu sehen und dabei an nichts zu denken. Einfach nur schauen", höre ich in dem Moment Saar sagen.

„Okay!" Ram starrt mit weit aufgerissenen Augen Richtung Horizont und hält mit aufgeblasenen Wangen seine Luft an. Bei dem Anblick muss ich lachen.

„Du kannst ruhig atmen", lacht auch Saar, „bloß nicht denken. Schaffst du's?"

„Okay!", sagt Ram ein zweites Mal, spannt jeden seiner Muskeln an und starrt hochkonzentriert aufs Meer. Verrückt, wie viel Anstrengung es erfordert, einfach mal nicht zu denken.

Ob Oyano und Gwen auch so aussahen, als sie schweigend hinaus auf die Wellen gesehen haben?, denke ich amüsiert, als mir die Buchstelle wieder einfällt.

Dann schließe ich mich den beiden an und schaffe es überraschend entspannt in die Gedankenlosigkeit. So ist das wohl, wenn man sich so gerne in der Wirklichkeit befindet, dass der Kopf einen nicht länger abzulenken braucht. Wenn man sich in keinen Film mehr hinein zu wünschen braucht, weil man mit der Realität mehr als zufrieden ist.

Am nächsten Tag wird mein Wunsch nach Begegnung weiter erhört: drei neue Mitarbeitende erreichen das Camp. Eine neue Babysitterin, ein neuer Koch und jemand, der sich um die Buchungen kümmert. Diesem Jemand begegne ich auf meinem Weg von Hütte zu Restaurant und kann nicht anders, als vor ihm stehenzubleiben.

„Hallo, ich bin Steve!"

Er hält mir seine Hand hin, doch ich bleibe an seinen tiefbraunen Augen hängen, aus denen heraus er mich warm anlächelt. Wie umarmt werden fühlt es sich an, wie eine besänftigende Hand auf meiner Stirn. Ich erinnere mich daran, wie ich in Marokko das erste Mal in solche Augen gesehen und mich augenblicklich verliebt habe. Manchmal glaube ich, dass ich nur in diese Länder reise, um wieder in solche Augen sehen zu können, um alles Ungelöste meines Herzens unter der Wärme ihres Blickes dahinschmelzen zu lassen.

Dass Zeit gar keine so große Rolle spielt, wie wir immer denken, merke ich daran, wie sehr Steve mir innerhalb weniger Stunden ans Herz wächst. Seine Liebenswürdigkeit lässt mir keine andere Wahl, unser intuitives Vertrauen zueinander macht es zudem noch viel leichter. Als wäre es mehr ein Wiedererkennen gewesen, als ein Kennenlernen. In der Sphäre menschlicher Verbundenheit wirken Kräfte, die über unser gängiges Verständnis von Raum und Zeit weit hinausgehen. Da bin ich mir sicher.

Langsam beginne ich sogar zu bereuen, Nader vor ein paar Tagen zugesagt zu haben, mit ihm und seinem Freund einige Nächte in der Wüste zu verbringen.

„Es ist wirklich schade, dass du genau an dem Tag ankommst, an dem ich gehen muss. Heute Abend holen mich zwei Freunde ab, mit denen ich ein paar Nächte in der Wüste verbringen werde, und danach fahre ich zurück nach Dahab", sage ich, während wir nebeneinander im Draußen-Restaurant sitzen und einander unsere Lieblingssongs vorspielen.

„Oh nein, wirklich? Mist, und ich wäre eigentlich schon vor vier Tagen hier gewesen. Vier mehr Tage hätten wir miteinander verbringen können. Aber ich wollte etwas länger bei meiner Freundin sein, bevor wir uns so lange nicht mehr sehen können", seufzt er.

Und ich seufze mit.

Doch der kleine Stich in meinem Herzen bei der Erwähnung seiner Freundin hält bloß eine Sekunde an, bis ich mir wieder bewusst werde, wie klein und beschränkt das Bild einer Liebe ist, die auf Besitz beruht. Ein Überrest meines Aufwachsens in einer Gesellschaft, die sich mehr und mehr vom natürlichen Wesen der Liebe entfremdet hat.

Wahre Liebe übersteigt die Konzepte unseres Egos, sie sucht weder nach Erwiderung noch nach Rechtfertigung, in ihrer Bedingungslosigkeit ist sie frei.

Steves Präsenz zu genießen und in dieser ein Stückchen verweilen zu dürfen, genügt mir vollkommen.

Wir sitzen schweigend lächelnd nebeneinander, Meer und Musik umarmen einander und ich kann förmlich spüren, wie eine neue Wärme, ein neues Leuchten durch diesen Ort zu fließen beginnt.

„Ich glaube, ich muss nochmal kurz im Restaurant helfen", sagt Steve und erhebt sich, „aber hier ist noch ein Song für dich"

Und als er hinter mir verschwindet und ich auf das Meer hinausschaue, beginnt Eric Claptons „I Will Be There" zu spielen. In den sanften Gitarrenklängen, den liebevollen Worten und der Tatsache, dass das Lied von Steve kommt, liegt etwas, das mir Tränen in die Augen steigen lässt. Meistens habe ich das Gefühl, selbst für den Grad an Glück in meinem Leben verantwortlich zu sein, mir die Dinge möglichst schön machen zu müssen, ganz viel selbst in der Hand zu haben. Doch gerade kann ich meine Hände getrost im Schoß liegen lassen, mich einfach zurücklehnen und von der Welle an Glück, die ganz ohne mein Zutun herangerollt kommt, überschäumen lassen.

„Don't be afraid, don't be afraid, I will be there…"

Die nächsten Stunden verbringen wir damit, noch mehr Musik und Lebensgeschichten miteinander zu teilen. Immer mal wieder setzen sich Menschen zu uns, Baghdady, Achmed, Mona und Saar… es sind Stunden, die in ihrer Unbeschwertheit und Wärme nur so dahinfließen. Der Sonnenuntergang an diesem Abend ist der schönste, den ich in meiner Zeit hier im Camp sehen darf, und als kurz vorm Verschwinden der Sonne der ganze Strand in ein leuchtendes rosa-orange getaucht wird, stehe ich ohne zu zögern auf und laufe mit offenem Mund und klopfendem Herzen ans Meer. Es ist unglaublich.

Das Meer, der Sand, die Berge, der Himmel – alles badet in leuchtenden orange-gelb-rosa-flieder Tönen. Das Spektakel dauert nur wenige Sekunden, doch ich sauge jedes kleinste Detail so in mir auf, dass seine Schönheit für eine Ewigkeit reichen könnte.

Dass dieser Abend der schönste und gleichzeitig letzte von allen ist, ist schmerzhaft und heilsam zugleich.

Die Bittersüße von Abschieden ist jedes Mal einzigartig zu erleben, in ihrer Intensität fühle ich mich lebendig, ganz da. Die quälenden Fragen nach dem, was hätte sein können, rücken auf einmal in den Hintergrund vor dem Strahlen dessen, was war. Mir geht es oft so, dass ich erst ganz zum Schluss die Vollkommenheit dessen erkenne, was war. Da macht es plötzlich Klick, und ich realisiere, dass ich das Paradies bloß nicht finden konnte, weil ich schon längst darin angekommen war.

Nur ist es dann schon Zeit, es wieder zu verlassen.

Es ist eine Bittersüße, die in einen tiefen Frieden getaucht ist, und ich bin froh über jede weitere Verspätung, über die Nader mich informiert, um noch ein wenig länger darin mitzutauchen.

Ich nehme wieder auf meinem Lieblingskissen im Restaurant Platz und freue mich über jede Pause, die Steve findet, um sich zu mir zu setzen. Er erzählt mir, dass er eigentlich Pharmazeut ist, doch das obligatorische Jahr beim ägyptischen Militär ihn so gefangen und lebensmüde hat fühlen lassen, dass ihm Freiheit und Lebensfreude nun von unvergleichlichem Wert sind. Dass es ihn da hierher geführt hat, wundert mich nicht, und ich freue mich über das Strahlen, das nach dem grauen Jahr wieder in seine Augen gefunden hat.

„Moment, du hast Pharmazie studiert? Das ist perfekt, ich habe nämlich noch immer keine professionelle Meinung hierzu", fällt mir da ein und ich halte Steve meinen verletzten

Daumen unter die Augen. Behutsam nimmt er diesen zwischen Daumen- und Zeigefinger, dreht ihn sachte und schüttelt dann leicht den Kopf.

„Das hätte man nähen müssen", sagt er.

„Ja, das hat Nader auch gesagt… aber ich war so euphorisch, dass ich mir um nichts Sorgen gemacht hab. Ich war so glücklich darüber, mich lebendig zu fühlen, dass mir alles andere egal war", gestehe ich.

Da hellt sich Steves besorgte Miene auf: „Ja. Ich weiß, was du meinst. Ich verstehe dich"

Und ich fühle, dass er das wirklich tut.

„Dennoch muss ich kurz den Dr. Mustafa raushängen lassen und dir aufschreiben, was du dir in Dahab an Salben und Medikamenten besorgen solltest"

„Ja klar, darum habe ich dich ja gefragt. Um sich lebendig fühlen zu können, muss man nämlich vor allem eins: am Leben bleiben!", lache ich und reiche ihm mein Handy, in das er konzentriert die Medikamente und ihre empfohlene Dosis und Gebrauchsanweisung eintippt.

Ich lächle ihn dankbar an, als er mir das Handy zurückgibt.

„Jetzt wird aus Dr. Mustafa aber wieder Steve", sagt er dann und zündet sich einen Joint an.

„Dein Schnitt wird mal so aussehen wie der hier" Er dreht seine Handinnenfläche zu mir, durch die sich eine kaum erkennbare, helle, dünne Linie zieht.

„Oh, wo ist das denn passiert?", frage ich nach.

„Hier!", prustet er los. „Ich habe hier schon einmal vor zwei Jahren gearbeitet, in der Küche. Und da hab ich betrunken eine Melone geschnitten. Du hast immerhin eine coole Abenteuergeschichte – ich war einfach nur blöd"

Und da lache ich laut mit, genieße es aus ganzem Herzen, mit so einem schönen Menschen gemeinsam lachen zu können.

Die Stunden bis Mitternacht vergehen wie im Fluge. Nach und nach verabschieden sich die anderen von mir und gehen schlafen, bis nur noch Steve und Achmad an meiner Seite bleiben. Die beiden haben sich auch heute erst kennengelernt und verstehen sich schon so gut miteinander, dass es mir das Herz erwärmt, sie miteinander lachen zu sehen, und obwohl ich nicht verstehe, wovon sie reden, kann ich gar nicht anders, als mitzulachen.

Zwischendurch blinkt der Bildschirm meines Handys auf und ich lese eine Nachricht meiner Freundin Gina aus Deutschland, die mir ein Gedicht geschrieben hat:

Du lebst dein großes Leben
In schweren Zeiten
In blauen Weiten
Auf heißen Steinen
Stürmisch und still

Du lebst dein großes Leben
Ich würd gern mit dir gehen
Über heißen Sand
Durch Sternennächte

Leise, zu zweit, am Strand
Lernen, wie die Wellen brechen
Und dabei nicht kaputt gehen

Mein Herz seufzt. Und es hört nicht auf zu seufzen. Mit jedem Moment in dieser Nacht verliebt es sich mehr und mehr in alles, was es umgibt, und als ich die Nachricht erhalte, dass Nader und sein Freund mich in einer halben Stunde abholen kommen, macht es einen so tiefen, unüberhörbaren, ja gequälten Seufzer, dass ich mich kurz von den beiden Jungs entfernen muss und in der schützenden Dunkelheit des Strandes still zu weinen beginne.

Bei dem Gedanken, diese Menschen gleich verlassen und in Naders Auto steigen zu müssen, zieht sich mein Bauch so krampfhaft zusammen, dass es weh tut. Wie von selbst beginnen meine Lippen das Wort „Nein" zu formen, es aus sich herauszuzischen. Und ich weiß, wie verrückt das klingt, doch in diesem Moment fühlt es sich so an, als würde dieses entschlossene „Nein" von einer Conni aus der Zukunft kommen, vielleicht auch aus einem anderen Leben, die sich in diesem Moment schon einmal gegen ihr Bauchgefühl entschieden und darum den größten aller Schmerzen erleiden musste. Die Tränen rinnen mir nur so herunter, heftig schluchzend fühle ich diesen Schmerz noch einmal, von dem ich gar nicht weiß, woher er kommt. Doch eines weiß ich mit klarster Gewissheit: dass ich unter keinen Umständen gegen dieses Bauchgefühl handeln darf. Sonst würde Schreckliches passieren.

Oder Wunderschönes würde ich verpassen.

Darum ersticke ich alle Schuldgefühle im Keim und sage Nader kurzerhand ab, er und sein Freund sollen ohne mich fahren. Nader antwortet, dass es ohnehin schon zu spät sei und sie mich auch morgen Vormittag abholen könnten, wenn ich mich damit wohler fühle. Ich horche in meinen Bauch hinein, der sich bei dieser Vorstellung erheblich entspannt, und stimme zu.

Der kurze Schreck verflüchtigt sich genau so schnell, wie er gekommen ist, als ich auf Achmad und Steve zulaufe, die sich mal wieder vor Lachen krümmen.

„Gute Neuigkeiten", sage ich, „ich fahre doch erst morgen früh. Jetzt wäre es einfach zu spät gewesen, so mitten in der Nacht"

Als Antwort erhalte ich feiernde Jubelrufe.

„Also machen wir die Nacht durch, oder? Ich hole Snacks und Decken", sagt Achmad und macht sich im nächsten Moment davon. Steve und ich jubeln ihm zustimmend hinterher, und als sich unsere Blicke treffen, wird er für einen kurzen Moment ernst.

„Ich bin sehr erleichtert, dass du die Nacht über hierbleibst. Ich hatte kein gutes Gefühl dabei, dich in irgendein Auto steigen zu lassen, das in die Wüste unterwegs ist mit zwei Männern, von denen du nur einen von ihnen seit ein paar Wochen kennst"

„So, wie du das ausdrückst… wäre das wohl wirklich keine gute Idee gewesen", pflichte ich ihm bei.

„Ich finde es schön, dass du Menschen so schnell vertraust, aber besonders hier in Ägypten musst du wirklich etwas vorsichtiger sein", sagt er besorgt.

Ich nicke. „Ich weiß, wie naiv das von außen wirken muss. Doch trotz meiner Gutgläubigkeit ist mir auf keiner meiner Reisen je etwas ernsthaft Schlimmes passiert – vielleicht sogar gerade wegen ihr. Ich gehe zwar gerne Risiken ein, aber wenn mir mein Bauchgefühl Nein sagt, dann höre ich da auch drauf. Deswegen sitze ich hier jetzt auch mit euch, statt unterwegs in die Wüste zu sein. Ich bin wachsam, doch würde niemals meine Naivität gegen Misstrauen eintauschen wollen. In ihr liegt meine große Stärke, jederzeit offen für das Gute zu sein, und für dieses Vertrauen werde ich immer wieder belohnt"

Steve nickt. „Ja, am wichtigsten ist es, dass du dir selbst vertrauen kannst"

Und dann fügt er mit einem Lächeln hinzu: „Und ich bin auch einfach froh darüber, dass du noch ein bisschen länger bleibst"

Da kehrt Achmad mit Snacks und Decken vollbepackt zurück und deutet uns, ihm über den Strand ans Meer zu folgen. Dort machen wir es uns herrlich gemütlich – kuscheln uns in die Decken ein, lassen leise Musik als Begleitung zum Meeresrauschen spielen, teilen uns einen Joint und die Unmengen an Essen, die Achmad mitgebracht hat.

„Wo hast du all das denn jetzt wieder her? Nein, lass mich raten – Aladdins Lampe", witzle ich und ernte bloß ein schelmisches Grinsen.

Wir erzählen Steve von unseren Schokoladengeschichten, ja erzählen ihm alles, was in meinen letzten Wochen hier passiert ist, und er erzählt von sich, von seinem Leben, und selten vergehen Stunden so unaufhaltsam schnell und gleichzeitig so genüsslich langsam wie diese hier am Meer mit diesen beiden Menschen, die innerhalb einer Nacht zu meiner kleinen Familie werden. Irgendwann, nach einer Schweigephase von uns, die bloß das sachte Rauschen des Meeres und die leisen Klänge aus Steves Handylautsprechern füllt, fängt Achmad neben uns zu schnarchen an.

Steve und ich grinsen uns an, selbst schon völlig übermüdet und im Halbschlaf, und doch nicht einschlafen wollend, nicht die Nacht enden lassen wollend. Und so schauen wir uns einfach aus diesen halboffenen Augen an mit einem Lächeln auf den Lippen, das bedeutsamer ist als alle Worte.

Ein verschlafenes „Yalla" von Achmad unterbricht die Stille und gemeinsam sammeln wir unsere letzten wachen Zellen, um die Decken noch näher an die heranrollenden Wellen zu rücken.

„In zwei Stunden müssen wir aufstehen, Steve. Ich stelle uns einen Wecker"
Das sind die letzten Worte Achmads, bevor wir drei nebeneinander liegend unter dem grenzenlos großen und schönen Sternenhimmel unsere Augen schließen. Wie gerne würde ich mich an Steve kuscheln, denke ich, doch bin gleichzeitig so wunschlos glücklich, dass selbst dieser Gedanke mit den Wellen davon getragen wird und ich rundum zufrieden und erfüllt einschlafe.

Von rot-orangenen Strahlen geküsst, öffnen sich blinzelnd meine Augen und erkennen verschwommen den großen Feuerball aus den Tiefen des Ozeans emporsteigen. Ein verträumtes Lächeln auf meinen Lippen, bevor ich zurück in den Schlaf falle.

Als ich am nächsten Morgen aufwache, sind die Plätze neben mir leer. Achmad und Steve sind wohl schon arbeiten. Ich klemme mir die Decke unter die Arme und treffe auf dem Weg zur Hütte Rana, die mich verwirrt ansieht. Ich erkläre ihr schnell die Situation, dass sich der Abholtermin ein weiteres Mal nach hinten verschoben hat, und ihre Reaktion darauf ist ein lachendes: „Al Magarra lässt dich einfach nicht gehen, was?"

Zum Frühstück setze ich mich zu Mona und Saar, die mich mit ebenso fragenden, aber erfreuten Blicken begrüßen. Mal wieder finden unsere Gespräche zu Kreta, und in Saars nächsten Sätzen erwartet mich etwas, mit dem ich niemals gerechnet hätte.

„Wenn du magst, kannst du uns gerne mal auf unserem Stück Land besuchen kommen. Im Winter, zum Beispiel, können wir Hilfe bei der Olivenernte gebrauchen. Du kannst deine Freunde mitbringen, ja, du kannst auch langfristig bleiben! Ich möchte im Laufe der Zukunft eine kleine Gemeinschaft dort aufbauen. Das Leben so nah an der Natur ist zwar nur etwas für taffe Leute – aber wenn du hier in der Wüste leben kannst, bist du definitiv taff."

Ich weiß nicht, worüber ich mich in diesem Moment mehr freue – über sein Angebot, ihn auf Kreta besuchen zu kommen, oder über das eigene Realisieren meiner Stärke, seit mehreren Wochen am Rande der Wüste zu leben.

„Das klingt so toll! Gebt mir auf jeden Fall Bescheid, sobald ihr mich auf Kreta gebrauchen könnt. Wo genau ist euer Stück Land eigentlich?", frage ich.

„Kennst du Agia Galini? Ein Ort im Süden Kretas. Dort in der Nähe ist es, auf dem Land"

Ich kann meinen Ohren nicht trauen. Agia Galini. Natürlich kenne ich diesen Ort. Ich war selbst da, vor knapp einem Jahr, und habe die Worte ausgesprochen: eines Tages möchte ich hier leben.

Aufgelöst erzähle ich den beiden davon und versichere noch ungefähr zehn weitere Male, dass sie mich jederzeit dorthin bestellen können. Aus den Augenwinkeln sehe ich Steve durch das Restaurant laufen, und da wird mein Herz endgültig von einer Welle an Liebe durchflutet, für die nur der endlose Ozean gerade so groß genug zu sein scheint.

„Ich bin gleich wieder da", sage ich zu Mona und Saar, bevor ich unter Tränen ans Meer laufe.

Mein Körper schüttelt sich unter meinen Schluchzern so heftig, als hätte er ewig auf diesen Moment gewartet. Auf einen Moment der Erleichterung nach Jahren der Anspannung, einen Lichtblick nach Jahren der Hoffnungslosigkeit, sich jemals in diesem Leben, auf dieser Welt, angekommen zu fühlen. In jedem meiner Schluchzer schwingt tief vergrabener Schmerz mit, der an die Oberfläche geholt wird durch das Erleben seines Gegenteils.

Ich hatte recht, denke ich, ich gehöre hierher.

An all die Stimmen, die anderes behauptet haben, ob äußere oder meine eigenen – sie hatte recht. Die leise Hoffnung, irgendwo auf dieser Welt ein zu Hause zu finden.

07.03.2022

(...) und ich fühle mich tief sicher in den Händen des Universums. Dieses Gefühl, das ich gerade habe, das Kribbeln in meinem Herzen, die Vorfreude in meinem Bauch – es ist nicht einfach ein Gefühl, es ist das Entstehen einer neuen Welt.
Liebes Leben, deine Wunder ... danke.

Als ich mein Tagebuch zuklappe, fällt mein Blick auf den verletzten Daumen. Gedanklich zähle ich noch einmal die Liste auf, die Steve mir letzte Nacht ins Handy getippt hat. Desinfektionsmittel und Verbandszeug habe ich mal in der Küche gesehen. Vielleicht wäre es nicht schlecht, sich wenigstens darum zu kümmern, bevor ich in die Wüste aufbreche. Durch den warmen Sand laufe ich Richtung Küche und begegne auf meinem Weg Steve.

„Ich bin gerade dabei, mir Desinfektionsmittel und einen Verband für meinen Daumen zu besorgen. Könntest du mir dabei kurz helfen?", frage ich ihn.

So setzen wir den Weg zur Küche gemeinsam fort und haben beides schnell gefunden.

„Hast du vielleicht eine leere Wasserflasche? Wir müssen das

Desinfektionsmittel von der Wunde mit Salzwasser abspülen",
fragt er.

„Ja, in meiner Hütte. Komm mit"

Einige Momente später sitze ich auf der Liege vor meiner
Hütte und beobachte Steve dabei, wie er knöcheltief im Meer
steht und meine leere Glasflasche mit dem salzigen Wasser
befüllt. Als er zurückkommt, hockt er sich mir gegenüber in
den Sand und öffnet die Flasche mit der braunen,
desinfizierenden Flüssigkeit, die er konzentriert auf meine
Wunde tropfen lässt. Mit dem Meerwasser und einem
Taschentuch spült er sie wieder ab, greift zum Verband und
wickelt diesen präzise um meinen Daumen.

Wie sorgfältig und behutsam Steve sich um meine Verletzung
kümmert, rührt mich sehr. Ich genieße jede Sekunde, stelle mir
vor, dass seine Berührung unter dem Verband auf meiner Haut
abgespeichert wird. Dass wir beide kein Wort miteinander
sprechen, intensiviert das Gefühl der Nähe nur noch mehr. Als
er die beiden Verbandsenden zusammenknotet, verformt sich
sein konzentrierter Gesichtsausdruck in ein sanftes Lächeln. Er
greift zu der Schere neben sich und schneidet die einzeln
abstehenden Fäden ab. Da breche ich das Schweigen zwischen
uns mit einem Lachen: „Dass die paar Fäden abstehen, stört
mich nicht. Das musst du nicht tun"

Doch er schnibbelt unbeirrt weiter, lässt meinen Daumen nicht
los: „Ich gebe dem Verband einen schönen Haarschnitt. Das ist
wichtig. Hier noch ein Stückchen, und da…"

Dabei legt er seinen Kopf schief und obwohl ich dachte, mein
Herz könnte wärmer nicht mehr werden, tut es das in diesem
Moment.

„Wunderschön", sage ich, als er fertig ist und recke den
Daumen symbolisch nach oben. „Shukran, Dr. Mustafa!"

Etwas wacklig auf den Beinen packe ich meine Reisetasche,
denn das Taxi, das mich zu Nader und seinem Freund bringen
wird, ist bereits unterwegs. Und als ich am Eingang des Camps
ankomme, kann ich meinen Augen kaum trauen – unzählige
Motorräder fahren mit brausenden Motoren die Einfahrt
hinunter. Gerade noch rechtzeitig. Rana hatte von einem
Besuch Kairos Harley Davidson Gruppe erzählt, was viel zu

cool klang, als dass ich es hätte verpassen wollen. Doch hier kommen sie. Beeindruckt beobachte ich die Fahrzeuge, bis zwischen ihnen ein Taxi auftaucht und ich zurück in die Realität gerissen werde. Ein – diesmal wirklich – letztes Mal verabschiede ich mich von allen. Als ich Steve in die Arme schließe, sage ich:

„Ich bin so froh, dich kennen gelernt zu haben. Auch, wenn es nur kurz war, war es wunderschön"

Er erwidert meine Worte und meine Umarmung und ist derjenige, der die Tür schließt, als ich auf der Rückbank Platz genommen habe. Als das Taxi anfährt, kurble ich das Fenster hinunter und winke. Ram und Rawi sitzen lachend auf Achmads Schultern und winken mir zurück. In diesem Anblick liegt all die pure Schönheit, all die simple Wesentlichkeit, die ich an diesem Ort so lieben gelernt habe.

07.03.2022

Was für eine Nacht. Die Liebe verwandelt jeden Ort, an dem sie dir begegnet, jeder Zentimeter wird heilig, scheint, laufen ist wie fliegen und die Menschen lächeln dir zurück.
Diese Nacht war zeitlos, erfüllt von spontaner, purer Liebe. Mehrere Dinge mussten nicht funktionieren, um das zu erleben, was ich erleben durfte: dass Achmad, Steve und ich in kürzester Zeit zu einer Familie zusammengewachsen sind, sie gemeinsam lachen zu sehen und zu hören lässt mein Herz strahlen. Steve kennenzulernen und das Gefühl zu haben, dies schon lange vorher getan zu haben, weil das Verständnis so tief und seine Augen so vertraut sind. Am Strand haben wir übernachtet, unter den Sternen, und nun sitze ich am nächsten Morgen hier, beflügelt und zutiefst erfüllt, alle Kontrolle der nächsten Schritte aufgebend, weil das Universum schon weiß, was es tut.

Die Wüste

Als ich aus dem Taxi steige, werde ich von Nader und seinem Freund Tarik in Empfang genommen. Tarik spricht kein Englisch und wirkt auch sonst ziemlich desinteressiert an mir, womit ich kein Problem habe. Besser als Aufdringlichkeit. Wir kaufen gemeinsam für die nächsten Tage ein und halten am Haus von Naders Familie.

„Du brauchst noch etwas. Einen Moment", sagt Nader und verschwindet in seinem Zimmer. Als er wiederkommt, hält er eine schwarze Abaya - ein traditionell islamisches Überkleid - und ein schwarzes Kopftuch in den Händen. Beides wirft er mir herausfordernd zu mit den Worten: „Wenn du in die Wüste willst, musst du zur Beduinin werden! Ansonsten kommen wir nicht durch die Kontrollen"

Herausforderung angenommen. Ich schlüpfe in das Gewand, beim Kopftuch lasse ich mir von Nader helfen. Zufrieden nickt er mir zu, ich nicke grinsend zurück, und gemeinsam steigen wir zurück ins Auto. Schon auf dem kurzen Weg dorthin fällt mir auf, dass mich Gewand und Kopftuch angenehm unsichtbar machen und mir die gewohnten Blicke der Männer erspart bleiben.

„Was genau meintest du eben eigentlich mit Kontrollen?", rufe ich Nader gegen den Fahrtwind zu, als wir mit heruntergelassenen Fenstern und lauter Musik in unser Abenteuer starten.

„Es gibt mehrere Kontrollen auf dem Weg ins Innere der Wüste", ruft er zurück, „und wir könnten Probleme mit der Polizei bekommen, weil wir eine europäische Touristin dabei haben. Die sind da sehr streng" Er rückt mir das Kopftuch ein Stückchen tiefer ins Gesicht, bevor er weiterspricht:

„Darum müssen wir dich als Beduinin tarnen"

Offensichtlich ist es riskant. Naiv. Unüberlegt. Verantwortungslos.

Doch die Abenteuerlust, die durch meine Adern fließt, spült all diese Begriffe fort. Manchmal müssen wir unseren Verstand verlieren, um an Lebendigkeit zu gewinnen. Um das Leben und uns selbst auf eine Weise kennenzulernen, an die der

Verstand nicht heranreicht.

Im Takt der ägyptischen Musik klopft Tarik aufs Lenkrad, Nader klatscht in die Hände und ich trommle mit den Fingerspitzen auf der Beifahrertür.

Ich habe keine Ahnung, worauf ich mich hier einlasse, und genieße jeden Schritt davon.

Plötzlich dreht Tarik die Musik leiser, verlangsamt das Tempo und Nader kurbelt mein Fenster hoch. „Da kommt die erste Kontrolle", raunt er und ich überprüfe, dass von meinem blonden Haar und meiner hellen Haut nichts zu sehen ist.

Durch den schwarzen Schleier erkenne ich, wie die Polizisten einen Blick in das Auto werfen – ich halte den Atem an, mein Herz klopft.

Wir werden durchgewunken. Puh.

Tarik gibt Gas, und als wir in sicherer Entfernung sind, prusten wir los. Die Musik wird wieder lauter gedreht, wir klatschen, trommeln, singen und ich fühle mich bereit für alles, was kommt.

Die nächsten Polizeikontrollen passieren wir ebenso problemlos und amüsiert. Irgendwann steigt Nader aus, um, wie er sagt, „nach meinem Kamel zu suchen". Dieses sei vom letzten Futterausflug in die Wüste anscheinend nicht wieder zurückgekommen.

Je tiefer wir in die Wüste hineinfahren, desto beeindruckender gestaltet sich die Landschaft. Erhabene Felsformationen ragen in den verschiedensten Erdtönen wie gemalt aus dem Sand und erfüllen mich mit Ehrfurcht.

„Ich hole noch schnell etwas bei meiner Familie ab", sagt Tarik und lenkt auf den Fuß eines Berges zu, an dem sich eine Handvoll aus Planen gestaltete Unterkünfte befinden.

Das Auto kommt zum Stehen, Tarik steigt aus und ich sehe eine kleine Gruppe Kinder neugierig auf mich zulaufen. Ich lehne mich aus dem Fenster, um ihnen näher zu sein, und was ich dann sehe, erfüllt mich mit einer noch viel tieferen Ehrfurcht.

Der Blick in ihre Augen. In Augen, so tiefschwarz, so pur, so bodenlos, wie ich es noch nie gesehen, ja nie für möglich gehalten hätte. Ich verliere mich in ihren Blicken, muss mich sammeln, um wieder herauszufinden. Sie lachen mich an, reden durcheinander, ich lache zurück, versuche ihnen zu zeigen, dass ich sie leider nicht verstehe. Da öffnet sich die Fahrertür neben mir und Tarik setzt das Auto in Bewegung. Ich winke den Kindern zu, sie laufen uns noch ein Stückchen winkend hinterher, und als sie aus meinem Blickfeld verschwinden, muss ich noch einmal kurz innehalten und verarbeiten, von was ich gerade Zeuge wurde.

Von Augen, in deren Blick sich alle Geheimnisse der Wüste widerspiegeln. Was auch immer diese gesehen haben müssen, um sie zu dem werden zu lassen, was sie jetzt sind – ich möchte es auch sehen. Und da weicht die kribblige Aufregung in meinem Körper einer demütigen Ruhe, die mich über die Besonderheit der Erfahrung, für die ich mich hier entschieden habe, bewusst werden lässt.

Dass Tarik den großen Jeep durch die durch Steine und Felsen verengten Pfade manövriert bekommt, gleicht einem Wunder. Als er nach einem letzten Wendemanöver den Motor abstellt, atme ich erleichtert aus. Aber wieso wir jetzt quer zum Weg stehen, kann ich mir nicht erklären, und weil Tarik kein Englisch spricht, kann ich ihn auch nicht danach fragen.

Doch mein Bedürfnis nach Antworten aller Art verflüchtigt sich in dem Moment, in dem mich die Stille der Wüste aus mir heraus in den Sog einer so tiefen und zugleich hohen Präsenz zieht, dass jegliche Frage darin untergeht, jegliche Widersprüchlichkeit sich in der grenzenlosen Stille auflöst und seine verborgene Einheit offenbart.

Die Antwort auf den quer gestellten Jeep findet ganz von selbst zu mir, als ich beobachte, wie Tarik im Halbkreis Decken ausbreitet, sodass der Jeep als Windschutz dient. Hier werden wir also die Nacht verbringen.

Ich befreie mich von Kopftuch und Gewand, werfe beides ins Auto und setze mich auf eine der Decken. Gerne würde ich Tarik meine Hilfe bei den Vorbereitungen für die Nacht anbieten, doch er scheint so versunken in seinen eingespielten Ablauf der verschiedenen Schritte, dass ich mich lieber zurückhalte. Bis er beginnt, die über den Boden verstreuten, dünnen Äste der Dornenbüsche für das Lagerfeuer einzusammeln. Da stehe ich auf und mache es ihm nach, gehe barfuß über Sand, Stein und Dornen und bücke mich nach den stachligen Ästen.

Die Wochen in Al Magarra haben meine Haut widerstandsfähiger gemacht und meinen Verstand widerstandsloser. Ich spüre die Dornen, das Pieksen, doch nenne es nicht länger Schmerz. So ähnlich muss es den Beduinen gehen, kann ich mir anders doch nicht erklären, wie Tarik als nächstes das Feuer entzündet und darin Brot backt, ohne sich dabei zu verbrennen: die Blechschale, in der er vorhin Mehl, Hefe, Wasser und Salz zu einer Teigmasse vermischt hat, drückt er in den Sand und bewegt sie dann kreisförmig hin und her, bis sich im Boden eine runde Kuhle bildet. Dort hinein schüttet er eine Menge Kohle und unsere gesammelten Äste, bevor er sie mit Hilfe eines Feuerzeugs entzündet. Dann greift er nach einer Blechkanne, in der bereits der beduinische Tee wartet, dessen Zutaten mir aufgrund von Übersetzungsschwierigkeiten noch immer ein Mysterium sind. Salbei? Rooibos? Auf jeden Fall eine Menge Zucker. Tarik schiebt die Kanne ins Feuer hinein, gefährlich lodern die Flammen um seine Hände.

Schweigend sitzen wir um das Feuer, warten darauf, dass der Tee zu kochen beginnt. Wobei, warten tun wir nicht. Die Konzepte Warten und Erwarten existieren nicht in der Zeitlosigkeit der Wüste.

Wir beobachten, wir sind da, und gleichzeitig blubbert der Tee vor sich hin.

Plötzlich kommt ein junger Mann um die Ecke, anhand seines weißen Gewandes erkenne ich ihn als Beduinen. Er führt ein Kamel neben sich her, und nachdem er und Tarik ein paar Worte gewechselt haben, bindet er die vorderen Knöchel des Kamels auf eine Weise zusammen, dass es sich noch immer entspannt fortbewegen, aber nicht fortlaufen kann.

Dann setzt er sich zu uns ans Feuer. Ich lächle ihm zu, er lächelt unsicher zurück – er scheint nicht älter zu sein als ich, höchstens 20 – und wendet seinen Blick daraufhin schnell wieder ab. Auch er spricht kein Englisch, und so muss ich meine in dem Moment entstehenden Fragen für später aufheben, wenn Nader zurückkehrt. Wo auch immer er ist. Ich blicke mich um, horche in mich hinein, versuche herauszufinden, wie ich mich fühle in dieser Situation.

Natürlich hätte ich allen Grund dazu, mich unwohl zu fühlen, im Dunkeln so völlig allein unter Fremden in der Wüste. Und gleichzeitig doch auch nicht.

Das Urvertrauen, das mich an diesem Morgen in Al Magarra erreicht hat, ist so unerschütterlich, der Geist der Wüste von so erhabener Gleichgültigkeit, dass ich gar nicht anders kann, als mit allem, was passiert, in Frieden zu sein.

Der Tee hat fertig geblubbert und ich bekomme von Tarik ein kleines Glas des Beduinentees gereicht, puste ein paar Mal sachte hinein und genieße die heiße Süße auf meiner Zunge. Dann darf ich beobachten, wie auf traditionelle Weise das Brot in der Wüste gebacken wird, und der Mund bleibt mir dabei offen stehen. Die Äste sind bereits verbrannt und von unserem Lagerfeuer ist nur noch eine glühende Kohlendecke übrig. Tarik schiebt mit einem Stock die Kohle etwas beiseite, legt den ausgebreiteten Teig in den heißen Sand und schiebt die Kohle wieder darüber, sodass der Teig sich im Sand verbuddelt unter den heißen Kohlesteinen erwärmt. Wahnsinn! Dieser Vorgang wird ein paar Mal wiederholt, bis der Fladen auf beiden Seiten gleichmäßig durchgebacken ist und Tarik ihn mit seinen hitzeimmunen Fingern aus dem Sand fischt. Der unbekannte Junge übernimmt, geht mit dem Fladen zum nächstbesten Felsen und schlägt ihn daran einige Male kräftig aus, sodass der Großteil des Sandes aus dem Brot fliegt.

Wenig später lasse ich mir das heiße Brot mit verschiedenen Dips, die Tarik in der Schnelle noch angerührt hat, schmecken und grinse jedes Mal, wenn dabei der Sand zwischen meinen Zähnen knirscht. Dann überkommt mich plötzlich eine große Müdigkeit und mit einem letzten Blick in den Nachthimmel, dessen Sterne diese Nacht von großen Wolken verdeckt werden, lasse ich meine Augenlider zufallen.

Hätte ich mich noch umziehen, mir meine Zähne putzen sollen? Meine Wertsachen verstecken müssen? Mich nach Nader erkundigen? Traurig darüber sein, keine Sterne zu sehen?

Keine dieser Fragen stelle ich mir. In der Ferne kaut genüsslich das Kamel. Ich bin frei.

Gerade noch bekomme ich mit, wie Tarik mich zudeckt, da gleite ich in einen traumlosen Schlaf.

Plätscherndes Wasser aus der Ferne dringt in meine Ohren. Blinzelnd öffne ich meine Augen und weiß für den Bruchteil einer Sekunde nicht, ob ich bloß träume oder tatsächlich mitten in der Wüste aufwache.

Leicht drehe ich meinen Kopf in Richtung des Wasserplätscherns und erkenne Nader, der vor einem Wasserkanister hockt und sich Gesicht und Füße wäscht. Ich schäle mich aus den drei auf mir gestapelten Decken heraus und schleiche barfuß über den rauen Sand an Nader vorbei, in Richtung eines Felsvorsprungs. Dort setze ich mich mit angezogenen Beinen auf den flachen Stein, blicke erst in den Abgrund hinab, dann in den grauen Himmel hinauf, schließe meine Augen. Umarme meine Knie noch etwas fester, atme die alles durchdringende Stille tief in mich hinein. Beim Ausatmen löse ich den Griff, lasse Arme und Beine dahin fallen, wo sie wollen, öffne lächelnd meine Augen und genieße die Klarheit, mit denen sie sehen. Ein paar Schritte neben mir grast noch immer das Kamel gemächlich vor sich hin.

Ich weiß nicht, wie lange ich noch auf dem Stein sitzen bleibe, und zum Glück ist das auch nicht wichtig. Als ich zurückkomme, bereiten Nader und Tarik gerade das Frühstück vor. Der Junge, dessen Namen ich noch immer nicht kenne, reicht mir ein Glas heißen Tees. Anscheinend hat er die Nacht mit uns verbracht. Ich habe so viele Fragen an Nader, doch beschließe, das zwischen uns allen herrschende Schweigen, auf das wir uns still geeinigt haben, dafür zu nutzen, die wenigen Gedanken, die ich hier habe, in meinem Tagebuch festzuhalten.

Die erste Nacht
Am Anfang war die Erde wüst und leer.
Die Wüste zwingt mich in den Moment, und ich lebe einen nach dem anderen.
Das ist alles.
Sie stellt alles in Frage, was du zu wissen glaubtest, nimmt diesem seine Wichtigkeit. Willig lasse ich los, lasse mich von ihrer Leere füllen.
Nichts konfrontiert dich so sehr mit der Wirklichkeit wie die Wüste. Sie (die Wirklichkeit) ist ohne Angst.

Wenig später machen wir uns für den Aufbruch zum nächsten Lager bereit. Tarik und der Junge fahren mit dem Jeep vor, Nader und ich folgen auf dem Kamel. Er läuft zu Fuß und hält den Strick. Nach wenigen Minuten bedeutet er dem vor uns fahrenden Jeep, anzuhalten, wendet sich mir zu und sagt: „Ich würde mich mit ins Auto setzen, weil wir so wesentlich schneller sind, als wenn das Kamel mit mir Schritttempo laufen müsste. Wäre das okay für dich? Keine Sorge, es kennt den Weg. Dauert nicht länger als zehn Minuten, du wirst die Beduinenzelte gleich hinter dem nächsten Felsen schon sehen können"

Die Wirklichkeit ist ohne Angst. Ich nicke.

So reite ich auf einmal ganz alleine das Kamel – und es klappt einwandfrei. In einem bestimmten Takt schnalze ich mit der Zunge, um es anzutreiben, raune „Darb", damit es auf seinem vorgegebenen Pfad bleibt, passe meine Haltung dem Rhythmus seines schaukelnden Schrittes an und wende so ganz intuitiv all das an, was ich durch meine aufmerksame Beobachtung von Nader und seiner ganz eigenen Sprache mit den Kamelen gelernt habe.

Als ich meinen Kopf nach links wende, um die anmutigen Felsen zu bestaunen, bleibt mein Blick an dem Schatten des Kamels hängen, oder viel eher an dem der Person, die darauf reitet – eine Silhouette umhüllt von im Wind wehenden Gewändern, von einer Aura so kühn und mir so fremd, dass es mir auch auf dem zweiten und dritten Blick noch schwer fällt zu glauben, dass es sich dabei um meinen eigenen Schatten handeln soll.

Da realisiere ich, wie weit ich mich auf dieser Reise bereits von meinem persönlichen Selbst entfernt habe, wie die Verkörperung der nomadischen Beduinin mein mir bekanntes Ich noch mehr verdrängt, und dieses Gefühl lässt mein Herz höher schlagen, liegt doch darin einer meiner größten Reize am Reisen.

Im Schmelzen der Grenzen zwischen Vertrautem und Fremdem; im Versuch, durch das Eintauchen in andere Kulturen selbst ein anderer Mensch zu werden.

In der bodenlosen Hingabe an diese ganz anderen Welten die Grenzen meines definierten Selbst zu überschreiten, mich letztlich gänzlich von diesen Grenzen persönlicher Identität zu befreien.

Mir kommt „Der Alchimist" von Paulo Coelho in den Sinn, und ich lächle, als ich realisiere, wie ich die Geschichte meines Lieblingsromans gerade lebe, wie ich in der Wüste zur Alchimistin meines eigenen Selbst werde.

Ganz von selbst scheint das Kamel den richtigen Weg zu kennen, der uns innerhalb weniger Minuten zu einem weiteren Standort einiger zusammenlebenden Beduinenfamilien führt.

Aus der Ferne erkenne ich, dass das Auto der drei Jungs bereits vor einer der aus Planen zusammengestellten Behausungen geparkt wurde.

Durch die absolute Stille der Wüste höre ich schon von hier die Klänge von Kinderstimmen zu mir hinüberschwappen, spüre ihre mir noch unerschlossenen und doch so vertrauten Wesen leichtfüßig und neugierig über Stein und Sand auf mich zugelaufen kommen.

Eine Gruppe von vier beduinischen Männern kommen mir auf ihren Dromedaren entgegengeritten, einer von ihnen im Schneidersitz, der andere mit angezogenen Beinen, wieder ein anderer beinahe rückwärts sitzend, um sich mit dem vierten unterhalten zu können. Ihre selbstverständliche Zugehörigkeit zu diesen Tieren, diesem Ort und dieser Lebensweise fließt auf mich über, und so nicke ich ihnen zu, als wäre ich einer von ihnen, schreite selbstbewusst auf meinem Dromedar durch ihre Mitte.

All diese Dinge entscheide ich nicht, zu tun. Sie passieren, weil ich vergesse, wer ich bin.

Alles, was ich mit der Conni in Deutschland, oder auch nur mit der Conni im letzten Moment assoziiere, verläuft hier buchstäblich im Sand. Wo keine Zeit existiert, existiert auch keine Vergangenheit, kein linearer Ablauf der Dinge, und so werde ich in jedem Moment, in jedem neuen Atemzug, wiedergeboren. Meine Geschichte spielt keine Rolle mehr, nichts spielt eine Rolle außer meiner Hingabe zu dem, was jetzt gerade ist, was jetzt gerade durch mich hindurch sein will. Was ich bisher von mir selbst geglaubt, mit welchen Worten ich mich selbst beschrieben habe, wirkt verschwindend klein und flüchtig vor dem, was keine Worte je zum Ausdruck bringen könnten, was Verkörperung findet in allem Heiligen, hier und jetzt in der urteilslosen Erhabenheit der Wüste.

Sobald ich mein Dromedar neben dem Jeep zum Stehen bringe und Nader mir mit dem Abstieg hilft, scharen sich die Kinder um mich herum.

Da sind sie wieder, diese Augen. Glänzend schwarz, bodenlos. An meinem Gewand werde ich von einer kleinen Hand in eines der Zelte gezogen, in dem eine ebenfalls verhüllte Frau einer Akrobatin gleich ein Stück Teig durch die Luft wirbelt und um ihre Unterarme schwingen lässt, dass ich nur staunen kann. Als sich unsere Blicke treffen, werde ich von den warmen Augen einer Mutter empfangen. Erst da wird mir bewusst, wie wenig ich hier im Sinai mit Frauen in Kontakt gekommen bin, wie dominierend die Männerwelt hier tatsächlich ist. Doch hier bei den Beduinen bleibt mir keine andere Wahl, wie mir bestätigt wird, als Nader seinen Kopf durch den Eingang steckt und mir einen Teller mit Fisch und Gemüse vor die Füße stellt.

„Männer und Frauen dürfen nicht gemeinsam essen. Und verheiratete Männer dürfen keiner anderen Frau in die Augen sehen als ihrer eigenen. Darum wundere dich nicht, wenn du ignoriert wirst", raunt er mir währenddessen zu und verschwindet im nächsten Augenblick wieder. Ich nicke und sehe zu den Jungs und Mädchen herüber, die neben mir völlig vertieft in ein Spiel mit Steinen sind. Vorsichtig frage ich mit Händen und Blicken, ob ich mitspielen darf, und einige Minuten später lachen wir über meine Ungeschicklichkeit. Wie schön, dass wir das gemeinsam tun können. Dass sich alle einander in die Augen sehen dürfen, dass die Mädchen sich noch nicht verhüllen müssen, um sich sicher zu fühlen.

Urteilslose Akzeptanz und der gleichzeitige Wunsch nach Veränderung existieren nebeneinander in meiner Brust. Es ist nicht meine Aufgabe, mich für eines von ihnen zu entscheiden, sondern Raum genug für beide zu schaffen. Das habe ich mir bereits von der Wüste abschauen dürfen.

Diese Empfindung hallt in mir nach, als die Frau ein großes Tuch vor mir ausbreitet, auf dem sich verschiedene Souvenirs sammeln. Normalerweise bin ich dafür nicht zu begeistern, doch diese Situation ist eine besondere.

Mein Blick wandert über die vielen bunten Gegenstände und bleibt hängen an einem aus Holz geschnitzten Kamel, dessen eine Körperhälfte mit einem dunklen, die andere mit einem hellen Braun gefärbt ist. Ich nehme es in meine Hand und betrachte es von Nahem. Nein, gefärbt ist es nicht – tatsächlich handelt es sich um die natürliche Färbung des Holzes.

In mir lächelt etwas. Natürlich entscheide ich mich für dieses Kamel.

Und mit ihm für die immerzu gleichzeitige und einander bestimmende Existenz von Schatten und Licht, Nacht und Tag, Sonne und Mond. Alles Helle und alles Dunkle in mir halte ich in Form dieses Kamels versöhnend in meinen Händen. Weil es ihre Dynamik, ihr unaufhörlicher Tanz miteinander ist, der Leben überhaupt erst ermöglicht.

Ich laufe zu meinem Rucksack im Auto, um an Geld zum Bezahlen zu kommen, und wenige Momente später bin ich zum Banker der Beduinen geworden. Die Kinder halten mir ihre vielen Eurostücke hin, die sie von Touristen für den Verkauf der Souvenirs erhalten haben, aber wegen der falschen Währung leider nicht gebrauchen können. Darum gebe ich bis auf meinen letzten ägyptischen Schein alles her, was ich habe. Als ich meinen Geldbeutel wieder zurückpacke, fällt mir das Buch über den Delfin und den taubstummen Jungen in die Hände. Kurz entschlossen laufe ich damit zu der beduinischen Mutter und blättere mit ihr durch die Bilder. Ihr Gesicht hellt sich auf. Schnell hole ich Nader, um mir beim Übersetzen zu helfen.

„Ja, sie kennt ihn. Abid'allah. In der Tat ist sie mit ihm verwandt. Und auch viele der anderen Menschen auf den Bildern kennt sie. Natürlich – wir gehören schließlich alle zum selben Stamm", erklärt er. Neugierig warte ich auf irgendeine Reaktion, die ich ihrem Gesicht ablesen könnte. Müsste sie nicht aufgeregt sein, Teile ihrer Familie in einem so international erfolgreichen Buch zu sehen? Doch ihre Körpersprache bleibt ruhig, über ein erheitertes Lächeln geht es nicht hinaus.

Da wird mir auf einen Schlag wieder bewusst, welch andere Werte hier herrschen. Die hier lebenden Menschen scheren sich wahrscheinlich herzlich wenig über Dinge wie

Berühmtheit oder äußerlichen Erfolg – zurecht. Was eine schöne Abwechslung ihre Unaufgeregtheit ist im Kontrast zu einer modernen Gesellschaft, in der sich viele Menschen nur noch mit den imaginären Augen anderer zu sehen scheinen, während ihr eigener Blick stumm verstaubt.

Nach einem letzten Tee setzen Nader und ich unsere Fahrt durch die Wüste fort und machen Halt an einem Ort, der sich durch eine bestimmte Felsformation wohl als günstige Lagerstätte für die kommende Nacht erweist.

Und als Nader für das Lagerfeuer einen Dornbusch entzündet, die goldenen Flammen sich um die weißen Stacheln schmiegen, fügen sich die Dinge in Lichtgeschwindigkeit zusammen.

Moses. Der brennende Dornbusch, in dem sich Gott offenbart hat. In der Wüste Sinai. Mit genau den Worten, deren Wahrheit mir die Wüste unentwegt zuflüstert:

„Ich bin, der ich bin.“

Meine Augen füllen sich mit Tränen.

Weil Nader die Gegend erkunden will und noch immer auf der Suche nach seinem Kamel ist, das sich seit Tagen durch die weite Wüste futtert, sitze ich wieder auf dem schaukelnden Rücken und schweige mit Nader vor mich hin.

„Meine Beine sind müde“, bricht dieser das Schweigen und beginnt im nächsten Moment, das Kamel ins Sitzen zu bringen. Er bedeutet mir vorzurücken und nimmt eng hinter mir Platz. Zu eng.

Zu schnell finden seine Hände zu meiner Hüfte, zu meinen Oberschenkeln, ich erstarre. Vergesse die Wüste, das Kamel, mich selbst. Nichts anderes hat mehr Platz in meiner Wahrnehmung als der schwere Schatten, der sich um meinen Körper legt, jeden Zentimeter einnimmt und mich lähmt, vollkommen machtlos macht in einer Situation, der ich nur aus eigener Macht entfliehen kann.

Doch ich kann nicht. Meine Lippen bleiben aufeinander gepresst, ich betäube mich, um das Überschreiten meiner Grenzen nicht spüren zu müssen.

Ich finde erst wieder in meinen Körper zurück, als Nader seine Hände wieder bei sich hat und wir vom Kamel absteigen, uns auf die Decken unseres Lagers setzen.

„Habe ich etwas falsch gemacht?", fragt er, weil die Stimmung zwischen uns sichtlich angespannt ist.

„Du…", setze ich an, doch werde kopfschüttelnd wieder still. Über nichts fällt es mir schwerer zu reden als über das.

„Ich dachte, du würdest mich auch mögen. Also, mehr als freundschaftlich. Weil du so nett zu mir warst. Und gerade wollte ich dir nahe sein… aber als ich gespürt habe, dass du dich unwohl damit fühlst, habe ich aufgehört. Es tut mir Leid. Wirklich. Ich wollte dein Vertrauen damit nicht ausnutzen"

Na gut. Immerhin weiß er, dass er einen Fehler gemacht hat. Das ist leider mehr, als die meisten anderen Männer in der Lage sind zu begreifen.

„Danke für deine Entschuldigung. Da musst du etwas missverstanden haben, ich habe dich immer als Freund gesehen und nie mehr als das. Gut, dass du gemerkt hast, dass ich mich unwohl fühle und aufgehört hast. Ich hätte einfach den Mund aufmachen und was sagen sollen, aber…" Meine Stimme bricht. „Ich habe zu oft die Erfahrung gemacht, dass mein Nein ignoriert wurde und deshalb…" Ich kann nicht. Und ich muss auch nicht. Besonders vor ihm muss ich mich nicht rechtfertigen.

„Wie auch immer", beende ich die Konversation und quäle mich zu einem Lächeln, „Entschuldigung angenommen"

Ich liege auf der Decke, noch immer restbetäubt vom Erlebten. Fragen über Fragen schwirren mir durch den Kopf, gepaart mit Erinnerungen, die ich am liebsten vergessen würde. Erinnerungen, die der Grund dafür sind, dass ein einfaches Berühren meiner Oberschenkel mich so aus der Fassung bringt. Weil es nicht darum geht, welcher Grad einer Grenze überschritten wird, sondern dass die Grenze überhaupt missachtet wird. Ein Teil von mir macht mir Vorwürfe, nicht einfach Nein gesagt zu haben, doch diese verlaufen schnell wieder im Sande.

Es ist nicht meine Aufgabe, Nein zu sagen, sondern zuallererst seine Aufgabe, mich nach meinem Ja zu fragen.

Als die Wüste irgendwann all meine Fragen und Gedanken in ihrem Sand verlaufen hat lassen, bleibe ich zurück mit einem dumpfen Gefühl. Und da nehme ich zum ersten Mal wirklich den Nachthimmel über mir wahr, in den ich seit Stunden starre, und erblicke den Vollmond, der besänftigend auf mich herabschaut, wie ein strahlendes Auge, groß genug für all meine Gefühle und Sorgen.

Unter diesem Auge finde ich mein Lächeln wieder, und in dem Wissen, dass das Leuchten des Mondes immer ein Beweis dafür ist, dass irgendwo auf der Erde gerade die Sonne scheint. Außerdem erinnert mich das Betrachten des Mondes an das Dasein meiner eigenen Phasen, an die zyklische Natur aller Dinge. Nichts auf dieser Welt ist dazu gemacht, ununterbrochen zu blühen; alles atmet und tanzt und vergeht und wird wiedergeboren. Ich darf diesen kosmischen Tanz in der Welt und in mir selbst beobachten, geduldig jede Phase als solche durchleben und in der Vergänglichkeit aller Dinge meinen Frieden finden.

Die zweite Nacht

Klare Sternennacht. In jedem Brotbiss knistert etwas Sand mit, Tee wird mehr getrunken als Wasser. Ich kann keinen Rauch mehr riechen, doch was man hier kann und nicht kann, will und nicht will, spielt keine Rolle.
Es ist, was es ist, und ich bewege mich darum herum.
Jahwe: ich bin, der ich bin.
Die Worte der heiligen Wüste.

Am nächsten Morgen öffne ich vor allen anderen die Augen. Fast vollständig sind die drei Männer in ihre Decken eingemuckelt, bloß ein Schlitz zum Atmen offenbart ihre Nasenspitzen. Es stimmt, die Nächte in der Wüste sind kühl. Ich schäle mich aus meinem eigenen Deckenberg, krame in meinem Rucksack nach einem frischen T-Shirt und laufe damit hinter den nächstbesten körpergroßen Stein, um mich von meinem verschwitzten, tagelang getragenen Oberteil zu befreien. Wahrscheinlich ist es nicht einmal der Schweiß, den ich loswerden möchte, sondern der muffige Beigeschmack dieser Tage, den ich nicht richtig benennen, nicht länger ertragen kann.

Ja, ich möchte weg von hier.

Wenn die anderen später aufwachen, werde ich Nader bitten, mich zurückzufahren – wohin auch immer.

Doch noch schlafen sie tief und fest, und ich bin wach – umgeben von einer Landschaft, in der ich nicht so schnell noch einmal alleine aufwachen werden darf.

Ich setze mich auf einen flachen Stein, und als ich die Augen schließe und tief einatme, stiehlt sich ganz von selbst ein Lächeln über meine Lippen, und für einen Moment verschwinden jegliche Beigeschmäcke, ziehen Klarheit und Frieden in mein Herz. Das stumme Spiel zwischen Sonne und Schatten, ihr stiller Tanz über die schroffen Berge vor dem Hintergrund des blauen Himmels, schenken mir Empfindungen der Reinheit, die allein unberührte Natur imstande ist zu schenken. Ich sauge sie auf, bevor ich mich wieder dem widmen muss, das sich überhaupt nicht rein anfühlt.

Beim Lagerfeuer angekommen, steigt mir der Geruch von Rauch und süßem Tee in die Nase. Er schnürt mir die Kehle zu. Ich setze gerade an, Nader meinen Wunsch mitzuteilen, da kommt er mir zuvor: „Wir haben beschlossen, heute schon zurück nach Dahab zu fahren. Wir schauen gleich noch einmal bei unserer Familie vorbei und dann machen wir uns auf den Weg. Ist das okay für dich?"

Heftig nicke ich: „Ja, das ist gut! Eine weitere Nacht hätte ich nicht gepackt."

Die nächsten Stunden bis zur Abfahrt empfinde ich wie

betäubt. Mit den letzten genussfähigen Zellen meines Körpers koste ich diese besondere Erfahrung noch ein letztes Mal aus – auf dem Kamel, im Kreise der beduinischen Familie. Die Hitze, die Fliegen, glänzend schwarze Augen.

Doch kann ich nicht länger verleugnen, dass ich psychische wie auch physische Grenzen erreicht habe, deren Überschreiten sich nicht länger aufregend und befreiend anfühlt, sondern erschöpfend und befremdlich.

Ich beschließe, mich nicht länger zum Genießen zu zwingen, zum Ausreizen meiner Selbst. Ich möchte nur noch heil ankommen. Irgendwo.

Im Auto angekommen, knalle ich erleichtert die Beifahrertür zu. Die schlechte Musik, die aus dem scheppernden Radio kommt, das heftige Auf und Ab des ruckelnden Wagens über nicht existierende Wege, ja sogar die riskanten Sicherheitskontrollen lassen mich taub, so zurückgezogen fühle ich mich, so in mich selbst verkrochen, unberührt von allem außerhalb von mir. Ich fühle mich furchtbar einsam.

Auf einmal werden Tariks und Naders Stimmen neben mir lauter, vehementer, schroffer. Ich brauche ihre Worte nicht zu verstehen, um mitzubekommen, dass sie sich streiten.

Gerade möchte ich das Fenster herunterkurbeln, um die dicke Luft zu erfrischen, doch das darf ich nicht – meine Tarnung könnte vom Fahrtwind verweht werden und mein Gesicht entblößen. So bleibt mir nichts anderes übrig, als auszuharren. Der Streit wird immer aufgeladener, die Stimmen immer lauter, und ich kann nicht vor ihnen fliehen.

Ich schließe die Augen, mein Gesicht verzerrt sich zu stummen Tränen, die heiß über meine Wangen rollen. Meine Lippen formen unter dem schwarzen Schleier die Worte:

„Mama. Papa.“

Es ist das erste Mal, dass ich mich auf einer Reise zurück nach Hause sehne. Dass ich mich so fremd fühle, zu fremd, um ohne einen Hauch des Bekannten weitermachen zu können.

Ich bin zu weit gegangen. Was ist nur los mit mir?

Wovor renne ich davon? Was erhoffe ich mir, zu finden?

Und als ich glaube, keinen einzigen Atemzug mehr in diesem Auto nehmen zu können, erscheint engelsgleich das „Welcome to Dahab" Schild.

Dahab III

In Dahab angekommen und ausgestiegen, erfahre ich vom
Grund des Streits zwischen Nader und Tarik.
„Tarik hält sich nicht an den Preis, den wir festgelegt haben.
Er verlangt viel zu viel Geld von dir. Ich habe versucht, ihn
umzustimmen, doch er ist so stur. Das war das letzte Mal, dass
ich mit ihm…"
Naders Redefluss verschwimmt in meinem Kopf zu
Hintergrundrauschen, während ich in meinem Rucksack nach
Geld krame. Bis mir einfällt, dass ich alle meine ägyptischen
Pounds in der Wüste bei den Beduinenkindern gelassen habe.
Ich laufe zum nächsten Geldautomaten, hebe Naders
genannten Betrag ab und drücke ihm die Scheine in die Hand.
Das Geld ist mir egal, ich möchte einfach nur allein sein.
„Danke für das Geld. Und tut mir wirklich Leid. Was ist jetzt
mit dir? Hast du einen Schlafplatz? Soll ich bei meiner Familie
in Dahab fragen, ob du einige Nächte dort unterkommen
kannst?"
Ich lehne sein Angebot dankend ab und versichere ihm, dass
ich schon etwas finden werde. Sehe auf dem Bürgersteig
sitzend seinem wegfahrenden Auto nach und seufze. Lehne
meinen Rücken an die staubige Hauswand hinter mir, lege
meinen Kopf in den Nacken und atme einige Male tief ein und
aus. Zähle im Stillen die Tage bis zu meinem Rückflug –
sechs.
Sechs Tage also, die wie sechs leere Buchseiten vor mir liegen
und darauf warten, von mir gefüllt zu werden. Ich spüre
Unsicherheit und Verletzlichkeit in mir aufbrodeln, und
zwischen ihnen einen Hauch Vorfreude, weil ich aus Erfahrung
weiß, dass diese beiden meist Vorboten für Wunderbares sind.
Ich nutze meine letzten Prozent Handyakku, um Steve zu
schreiben. Von meinem einzigartigen Abenteuer, das geendet
ist in Streit, Täuschung und Erschöpfung. Steve antwortet
sofort. Und unter seinem Geschriebenen gibt es einen Satz, der
mich beim Lesen mit einem neuen Energieschub versorgt:
„But here we are – you can still have fun"
Wie wahr. Beim Lesen dieser Worte fällt ein großes Stück

meines inneren Widerstandes gegen das, was passiert ist, ab. Denn es ist vorbei. Jetzt bin ich hier. Und kann immernoch Spaß haben.

Ich möchte den Stift, der meine letzten Seiten dieser Reise beschreiben wird, nicht selbst in der Hand halten.

Ich möchte nicht schreiben, sondern geschrieben werden.

Von einer Hand, deren Sicht weiter und tiefer geht als meine eigene.

Ich atme tief ein, und als ich ausatme, klopft es an der Fensterscheibe über mir. Das lächelnde Gesicht eines jungen Kellners erscheint, der mich in das Restaurant, an dessen Hauswand ich anscheinend seit einer halben Stunde sitze, hinein winkt.

„Ist bei dir alles okay?", fragt er, als ich über die Türschwelle trete.

In aller Kürze kläre ich ihn über meine Situation auf.

„Verstehe. Wie wär's, wenn du dein Gepäck mit hereinholst und dich hier ein bisschen ausruhst? Du kannst dein Handy aufladen und Freunden schreiben, und ich bringe dir ein Sandwich und etwas zu trinken"

Mein Bauchgefühl antwortet mit einem klaren Ja auf sein Angebot, und als ich wenige Minuten später an einem kühlen Mangosmoothie schlürfe, sieht die Welt nur noch halb so schlimm aus.

Nachdem ich meinen Handyakku und meinen Bauch gefüllt habe und mich im Hostel nebenan in eine der Duschen geschlichen habe (die dringend nötig war), beschließe ich, Friday zu kontaktieren. Er ist der Mensch, auf den ich mich hier in Dahab bisher am meisten verlassen konnte. Er antwortet sofort auf meine Nachricht und wir treffen uns in einem der hübschen Cafés am Meer. In Kürze erzähle ich ihm von meinen Erlebnissen und meiner Unsicherheit bezogen auf die Frage, wohin es mit mir als nächstes gehen soll.

„… ich würde gerne wieder ins Camp nach Nuweiba. Aber ich bin ziemlich erschöpft vom ganzen Hin und Her und mag Dahab auch so sehr - "

„Und Dahab mag dich!", fällt er mir ins Wort. „Bleib bei uns in Dahab. Für deine letzten Tage bis zum Rückflug stelle ich

dir ein Zimmer in einem Hostel zur Verfügung, mit dessen Besitzer ich befreundet bin. Wir machen einen Freundschaftspreis aus und du kannst deine abenteuerliche Ägyptenreise ganz entspannt ausklingen lassen"
Das klingt nach einem guten ersten Schritt. So habe ich immerhin einen Schlafplatz für die nächsten Nächte und falls es mich doch noch nach Nuweiba oder sonst wohin zieht, bin ich jederzeit frei, dem zu folgen.

Abends bin ich mit Friday zum Kaffee trinken verabredet. Er holt mich vor meinem Zuhause für die nächsten Nächte ab und führt mich tatsächlich zu Sayeds Café.
„Hier war ich schonmal", erzähle ich ihm begeistert, „und habe Sayed versprochen, wiederzukommen. Jetzt hat das ganz von selbst geklappt"
Wir setzen uns auf die zwei Plätze, die dem Meer am nächsten sind. Es ist bereits so dunkel, dass allein die bunten Lichter der anderen Cafés, Restaurants und Shops zusammen mit den Sternen die einbrechende Nacht erhellen.
Stürmische Brisen fahren mir durchs Haar; Meeresrauschen, Nachbargespräche und Geschirrklirren vermischen sich zu einem angenehmen Klangteppich. Friday und ich schlürfen friedlich schweigend an unseren Getränken. An einem anderen Tisch sitzt eine kleine Gruppe junger Menschen. Sie sind ungefähr in meinem Alter und unterhalten sich auf Englisch – ziemlich sicher Touristen.
Da frage ich mich das erste Mal, ob der Anblick von Friday und mir seltsam auf andere wirken mag. Ein Mitte 40 jähriger Beduine im weißen Gewand, Kaffee trinkend mit einer 20 jährigen, europäischen Touristin. Da könnte viel falsches hineininterpretiert werden, doch von irritierten Blicken auf uns habe ich bisher nichts mitbekommen.
Aus meiner Sicht ist es ganz simpel: ich mag Friday. Und kann durch ihn einen authentischen Einblick in das Leben der Menschen hier, insbesondere in das der Beduinen, bekommen.
Auf meinen Reisen zieht es mich immer ganz von selbst zu den Einheimischen, liegt in diesen Begegnungen doch eine der ganz großen Bereicherungen des Reisens.
Wenn zwei Menschen aufeinandertreffen, die in ihren

relevanten äußeren Lebensumständen – Muttersprache, Herkunft, allgemeine Lebenssituation – kaum auf einen gemeinsamen Nenner kommen, entsteht der Kontakt automatisch aus dem einen wesentlichen Nenner, den alle Bewohner dieser Erde miteinander teilen: dem Menschsein selbst.

In Marokko habe ich einen Monat lang mit einer Familie zusammengelebt, in der die Mutter kein Wort Englisch sprach und wir uns bloß durch Blicke und Gesten miteinander verständigen konnten. Durchs Tanzen, Lachen und Umarmen. Diese Frau habe ich in mein Herz geschlossen wie kaum eine andere, weil ich durch sie gelernt habe, dass es eine Sprache jenseits von Worten gibt.

Worte ermöglichen Kontakt und begrenzen ihn zugleich. Wir versuchen etwas auszudrücken, indem wir nach der passenden Wortschablone suchen, die diesem Auszudrückendem am nächsten kommt – doch niemals wird die Schablone perfekt passen. Ich habe erfahren, dass im Blick in die Augen meines Gegenübers die Notwendigkeit von Schablonen oft erlischt. In Kontakt miteinander sprechen wir unaufhörlich, können die Stille dazwischen kaum ertragen. Denn Stille schafft Nähe. Und wenn ich Worte nicht lieben würde, würdest du diese Zeilen gerade nicht lesen, doch sind sie trotz allem immer eine Hürde vor dem, was unbeschreiblich ist, sich der Ebene des Geistes entzieht und auf der Ebene des Herzens stattfindet. Diese Beziehung von Herz zu Herz hatte ich mit meiner marokkanischen Mutter, und in milderen Formen mit jedem einheimischen Menschen, dem ich auf Reisen begegne. Der mir - von außen gesehen - so fremd ist, doch von innen so nah. In dieser tiefen Verbundenheit, in dieser aufrichtigen Freundschaft, die jeglichen Grenzen und Vorurteilen trotzt, liegt das große Geschenk des Erinnerns daran, worin Kern und Schönheit unseres Menschseins liegen.

Als unsere Kaffeetassen leer geschlürft sind, führt Friday mich in ein Atelier, das direkt gegenüber des Cafés liegt. Warmes Licht und wohlig würziges Räucherstäbchenaroma laden ein in die kleine Galerie, deren Gemälde von der einzigartigen Vielfalt, die der Sinai von trockener Wüste über hohe Berge bis in die Tiefen des Meeres bietet, erzählen.

„Das ist Khaled, die Hand und das Herz hinter all diesen Kunstwerken", sagt Friday und verweist auf den Mann, der am Eingang des Ateliers auf einem kleinen Hocker sitzt. Selig lächelnd komponiert er mit dem Pinsel, wie mit einem Dirigentenstab, sein nächstes Gemälde auf eine große Leinwand.

Als Khaled Fridays Worte hört, hält er inne und blickt über seine Brillenränder zu uns herauf, und in seinen Augen spiegelt sich all die Schönheit wieder, die er in der Natur sieht und in Kunst verwandelt. Er erwidert Fridays Begrüßung mit einem bescheidenen Lächeln und heißt mich in seinem Atelier willkommen. Ich spüre eine Güte aus seinem Herzen sprechen, die mich zutiefst rührt.

Mein Blick bleibt hängen an bemalten Steinen, von denen Khaled mir erzählt, dass sie die Kreationen seines 15 jährigen Sohnes sind. Einer dieser Steine zieht mich besonders an – vor den warmen Farben eines Sonnenuntergangs halten sich fünf kleine Silhouetten an den Händen. Der Anblick dieser simplen Szene erfüllt mich mit Gefühlen von Geborgenheit, Gemeinschaft und Frieden. Mit Erinnerungen an ein Zuhause, nach dem ich mich sehne.

Kurzerhand kaufe ich den Stein und verabschiede mich von Khaled in dem starken Gefühl, dass diese erste Begegnung mit ihm nicht meine letzte war.

„Hast du Lust auf Live Musik?", fragt Friday mich, als wir wieder die Straße betreten.

„Aywa, immer", entgegne ich.

„Sehr gut. Es gibt einen Ort in den Bergen, wo jeden Abend um ein großes Lagerfeuer Ud gespielt und gemeinsam gesungen wird. Hast du Lust, ihn dir anzusehen?"

Eigentlich habe ich alles, was die Wüste betrifft, noch immer ziemlich satt. Doch ist nicht genau das der Grund, weshalb ich sie noch einmal aufsuchen sollte? Um ihr und mir die Chance auf Versöhnung zu geben? Ungern möchte ich die besondere Magie, die ich in ihr gesehen habe, meinen unangenehmen Erfahrungen des heutigen Tages opfern.

Darum sitzen Friday und ich etwas später im Auto, hören (gute!) ägyptische Musik und fahren laut singend und jubelnd die Schnellstraße entlang. Als wir an den Eingang zu den Bergen gelangen, drehe ich die Lautstärke der Musik herunter und schaue gebannt, was mich erwartet. Erst ist es ein einziges, goldenes Funkeln, das wie ein besonders warmer Stern zwischen den Bergen hervorleuchtet.

Je mehr wir uns diesem Funkeln nähern, desto mehr von ihnen tauchen auf, bringen Licht in die ansonsten schwarze Wüstenlandschaft.

Bei näherem Hinsehen handelt es sich um viele kleine Lampen, die einen Platz umrahmen, an dem sich mehrere Teppichinseln mit Kissen und kleinen Tischen um ein großes Lagerfeuer verteilen. Friday weist mich an, mich auf einen Platz meiner Wahl zu setzen. Ich ziehe mir die Schuhe aus, lasse mich auf eines der Kissen am Rand plumpsen und lasse meinem inneren Entzücken über dieses versteckte Paradies freien Lauf.

Um die zwanzig Menschen sind hier, hauptsächlich ägyptische Paare und Freundesgruppen, die sich leise unterhalten, zulächeln oder schweigend in den von Sternen übersäten Himmel blicken. Ich tue es ihnen nach. Und habe, ohne es mitzubekommen, bereits wieder Frieden mit der Wüste geschlossen.

Einige Minuten später kommt Friday mit einem silbernen Teekännchen und zwei Gläsern zurück. Gemeinsam beobachten wir, wie drei Menschen mit Ud und Trommeln am Lagerfeuer Platz nehmen und sich mit leisen Klängen einspielen. Je lauter diese werden, desto mehr Menschen verlassen ihre Teppichinseln und rücken näher an das knisternde Feuer heran. Auch ich geselle mich dazu und bin ganz fasziniert davon, wie organisch sich die Szenerie entwickelt – bald sind es dreißig, vierzig Menschen, die den Kreis um das Lagerfeuer formen und im Takt der Musik wippen, schnipsen, klatschen und singen. Ich strahle übers ganze Gesicht, während ich meinen Blick über das Strahlen der anderen Gesichter schweifen lasse.

Das Zusammentreffen von Musik, Menschen, Lagerfeuer und Tanz – und all das unter freiem Sternenhimmel – scheint in seiner Symbiose einen ganz grundlegenden, tief authentischen Aspekt unserer Menschlichkeit zu berühren. Etwas zurück in

Erinnerung zu rufen, was uns über unzählige Generationen hinweg stets begleitet und untereinander Verbindung geschaffen hat. Etwas, dem ich in der modernen Welt nur äußerst selten begegne. Wie sehr ich mich danach gesehnt habe, spüre ich anhand der großen Erleichterung und Dankbarkeit, die ich dafür empfinde, gerade hier zu sein. Teil dieses Organismus, den die Magie des Moments zum Leben erweckt.

Weil Friday schläfrig wird, machen wir uns bald wieder auf den Rückweg. Auf dem Weg zum Auto sage ich zu ihm: „Ich kann es kaum glauben, dass ich heute Morgen noch so fertig und verloren an Dahabs Straßenrand saß. Niemals hätte ich es für möglich gehalten, dass der Tag noch so eine schöne Wendung nehmen und ich mich wieder so wohl hier fühlen würde. Danke für deine Hilfe, für deine Freundschaft"

Kurz vorm Schlafen gehen nehme ich mein Handy in die Hand und schicke Steve ein kurzes Video, das ich von der Musik und den Menschen am Lagerfeuer gemacht habe. „Life is good!", schreibe ich dazu und falle mit einem beseelten Lächeln auf den Lippen in einen tiefen Schlaf.

Am nächsten Tag werde ich von Friday dazu eingeladen, mit ihm in ein Hotel etwas außerhalb Dahabs zu fahren, dessen Besitzer einer seiner besten Freunde ist. Friday scheint ein Beuteschema zu haben, denke ich mir amüsiert. So sitzen wir etwas später zusammen in der Lounge, in der die beiden sich angeregt unterhalten.

Mein Blick wandert aus dem großen Panoramafenster nach draußen, bleibt hängen an einem grünen Fleckchen, das bepflanzt ist mit bunten Blumen. Nur ein paar Schritte vom Eingang des Hotels entfernt. Schon bei unserer Ankunft habe ich mich nach ihnen umgedreht; da ist irgendetwas, was mich anzieht. Und sei es bloß ihre simple Schönheit.

Ich warte auf einen kurzen Moment der Stille im Gespräch zwischen Friday und dem Hotelbesitzer, um mich für einige Minuten zu verabschieden, laufe mit schnellen Schritten Richtung Ausgang und überquere die Straße. Vor den Blumen angekommen, halte ich inne. Und reise in der Zeit zurück.

Zarte Blüten tanzen im Wind, deren sattgrüne Blätter im Licht der Sonne glitzern.

Es ist das gleiche Licht. Die gleichen Farben. Der gleiche Funken, der in der Luft liegt.

Ich werde knapp drei Jahre zurück transportiert, zurück zu meiner ersten, großen Reise: Marokko.

Der Stein, der in den stillen See meiner Seele geworfen wurde und Wellen ausgelöst hat, die niemals ganz verklingen werden.

Ich wandere von Blüte zu Blüte, Pflanze zu Pflanze, und das Lächeln auf meinem Gesicht wird mit jedem Schritt inniger, mit jeder Erinnerung an die Weisen, wie diese Reise die Mauern meines bisherigen Lebens eingerissen hatte, um dahinter eine ganze Welt zum Vorschein kommen zu lassen, die darauf wartet, von mir erlebt und geliebt zu werden.

Ob man erst alleine auf einen anderen Kontinent fliegen muss, um zu realisieren, dass die Welt, mit der wir aufgewachsen sind, nicht die Welt ist?

Dass alles, was uns jahrelang beigebracht und eingetrichtert wurde, an anderen Orten schlicht nicht gilt?

Die Mauer bröckelt in dem Moment, in dem dein erster Blick fällt auf Straßen und Häuser und Menschen, die du zuvor nur auf Bildern gesehen hast. Auf einmal werden diese Bilder

dreidimensional, und du bist Teil von ihnen. Marokko war mehr als ein Kulturschock für mich, es war ein Schockverlieben in all die Ecken dieses Planeten und meiner selbst, mit denen ich noch nicht in Berührung gekommen war. Schockverlieben in die Intensität und Echtheit eines Lebens, das hinter den Grenzen unseres Verstands wartet.
In Farben, Gerüchen, Klängen und Empfindungen, die über unsere Vorstellungskraft hinausgehen.
Tief atme ich den süßlichen Duft der Blüten ein, der gemeinsam mit dem rauen Straßenstaub dieses ganz besondere Aroma kreiert, das mich zurückversetzt.
Ja, es ist das Sammeln dieser Farben, Gerüche, Klänge und all der anderen Empfindungen, die mich an den verschiedenen Orten der Welt berühren, denen ich an anderen Orten in leicht abgewandelter Form wiederbegegne. Mit jeder neuen Assoziation, die sich auf diese Weise formt, wird die Welt mehr und mehr zu meinem Zuhause.

Als ich meinen Spaziergang um die Blumenwiese beende, bedanke ich mich im Stillen bei dem Zauber, der soeben zwischen diesen Pflanzen und meinem Herzen blühen durfte.

Abends sitze ich mit Ataik im Außenbereich seines Hostels und spiele die spannendsten Backgammon Partien, die ich jemals hatte. Wir haben solchen Spaß, bekommen Gesellschaft von amüsierten Zuschauern, trinken einen Tee nach dem anderen, bis tief in die Dunkelheit. Bis zu dem Moment, dessen Kommen ich schon befürchtet hatte. Seine Frage, die mich im Augenblick ihres Aussprechens betäubt und nur noch wegrennen lassen will.

Wie kann dieser Mann darauf kommen, dass ich auch nur in Erwägung ziehen würde, mit ihm schlafen zu wollen? Ich verabschiede mich und gehe.

Nein. Es kann nicht sein, dass ich schon wieder diese Konversation führen muss. Es kann nicht sein, dass meine Freundlichkeit von so vielen Männern interpretiert wird als Einladung. Ich fühle mich zutiefst ausgenutzt, nicht gesehen als der Mensch, der ich bin, sondern allein und ausschließlich als Frau. Wütend und müde falle ich ins Bett. Diese Begegnung mit Ataik bringt das Fass der angesammelten Tropfen zum Überlaufen – denn ich musste diese Gespräche öfter führen, als ich in diesem Buch erwähnt habe. Was seinen Grund hat. Dieser offenbart sich am nächsten Morgen.

An diesem wache ich auf und beschließe, um Hilfe zu bitten. Ich schicke Nicole (die deutsche Freundin von jemandem, den ich in Dahab kennengelernt habe) eine Nachricht, frage sie nach ihren Erfahrungen und erhalte eine Antwort, die mich enorm bestärkt. Die mich spüren lässt, dass ich auch in meiner scheinbaren Machtlosigkeit über diese Dinge eine Macht besitze, über die allein ich verfüge: und zwar die, zu entscheiden, welche und wie viel Bedeutung ich diesen Erlebnissen beimesse.

Ob ich von ihnen mein Bild dieses Landes so sehr trüben lasse, dass ich in den nächsten Flieger zurück nach Deutschland steige – doch dieser Gedanke ist mir nie gekommen. Weil ich in nur einem Monat so vieles an diesem Land lieben gelernt habe, reich beschenkt wurde von der Güte seiner Menschen und der Schönheit seiner Natur, dass ich niemandem – schon gar nicht diesen Männern – die Macht dazu geben möchte, mir diese Liebe zu nehmen, die Leichtigkeit dieses Ortes in

Schwere zu wandeln, die Reinheit der hier erlebten Momente zu trüben. Licht und Schatten gehen Hand in Hand, und ich möchte keine von diesen verleugnen, sondern beide meiner Hände in ihre legen.

Doch vor allem möchte ich meine letzten Tage in Dahab unbesorgt genießen. Darum schreibe ich Steve eine Nachricht: *„Du meintest, dass du gute Freunde in Dahab hast, richtig? Könntest du mich mit ihnen vernetzen? Gestern war wieder eine blöde Situation mit nem Typen und ich würde wirklich gerne einfach mal eine gute Zeit mit guten Menschen haben"* Dann lege ich das Handy beiseite, atme ein paar Mal tief ein und aus, gebe Licht und Schatten meine Hand und werde mir der Stärke bewusst, die darin liegt.

Mich zieht es nach draußen in die Morgensonne, und so mache ich mich auf den Weg zu Sayeds Café. Weil dieses noch geschlossen hat, setze ich mich in den Außenbereich des Nachbarcafés, welcher ebenfalls direkt ans Meer grenzt. Ich mache es mir auf dem Sitzkissen gemütlich und atme genüsslich die noch so reine Morgenbrise ein.

Innerlich und äußerlich grinsend blicke ich auf das Meer hinaus, dessen Blau heute besonders kräftig ist. So schön das Rauschen der Wellen auch ist, sehne ich mich nach Musik. Also setze ich meine Kopfhörer auf und lasse per Zufallswiedergabe mein Handy entscheiden, welcher Song der Soundtrack für diese Szene sein soll. Als daraufhin die ersten Takte von Stings „Let your soul be your pilot" erklingen, bekomme ich am ganzen Körper Gänsehaut. Die Musik bringt die Seele, die in mir wohnt, zum Aufleuchten. So sehr, wie ich diesen Song immer geliebt habe, habe ich hier im Sinai das Gefühl, ihn zu leben.

Steve würde ihn auch lieben, denke ich und schicke ihm eine Nachricht mit dem Titel.

Dann schließe ich meine Augen, lasse das Aufleuchten meiner Seele verbinden mit der Wärme aus der Begegnung mit Steve, und mit diesem Sonnenaufgang in meinem Herzen öffne ich die Augen, fixiere das pulsierende Blau des Meeres und schicke ihm den Wunsch, Steve wiederzusehen. Als dieser in den Wellen landet, erklingt der nächste Ohrwurm in mir. Es

handelt sich um „Getting Better" von den Beatles. Sean hatte diesen Song an meinem ersten Morgen in Dahab zum Aufwachen gehört, und ich weiß noch, mit wie viel Vorfreude auf die kommenden Wochen seine Zeilen mich angesteckt haben.
Ich zücke mein Tagebuch und schreibe meine eigenen:

11.03.22

Getting so much better all the time
It's getting better all the time
Better, better, beeeetter!

Als ich Ram einmal gefragt habe, was ausschließlich jeden Tag passiert, hatte er eine viel bessere Antwort, als ich vorgesehen hatte: ‚Everything changes.'
Wie wahr.
Das einzig Beständige ist der Wandel.
Und darin liegt Freiheit für mich. Die Gewissheit, dass, was auch immer gerade ist – es geht weiter.

‚But here we are – you can still have fun!' hat auch Steve gesagt. Das gesamte Universum wandelt sich in jedem Moment in Dimensionen, die wir uns gar nicht vorstellen können. Irgendwo stirbt gerade ein Stern, während ein Neugeborenes seinen ersten Atemzug nimmt.
Wenn man auch nur versucht, sich vorzustellen, was alles gerade in dieser Sekunde geschieht - erkennt man die Unendlichkeit, die dem Augenblick innewohnt. Und Teil dieser Komposition aus verschiedenen Facetten der Existenz zu sein, erfüllt mich mit tiefer Ehrfurcht. Und Sicherheit.
Weil ich weiß, dass ich manchmal leiden muss, damit andere lieben können.
Wie deutlich wurde mir hier gezeigt, dass ich mich in den Fluss der Dinge fallen lassen darf. Dass es nicht notwendig ist, über Lösungen zu grübeln, Entscheidungen zu fürchten, weil sich alles ganz klar zeigt und oft ganz von selbst ergibt, wenn man in der realen Situation ankommt, die man sich vorher nur erdenken konnte.

Ja, hier lerne ich mit Hingabe zu leben, mit Zuversicht, urteilslos und gelassen.

Geht es mir gut? Geht es mir schlecht?

Es geht mir, wie es mir geht. Ich erlebe den Wandel meiner Launen wie das Meer den Wandel seiner Farben und Wellen erlebt. Ich bin vollständig hier mit dem, was ist, ohne es zu benennen.

Ich erwarte nichts bestimmtes, freue mich einfach über die unendlichen Möglichkeiten des nächsten Moments.

Ich weiß, dass ich nicht den Moment nutze, sondern er mich, weil nicht ich der Dirigent der großen Komposition des ewigen Augenblicks bin, sondern der Augenblick selbst.

Geleitet von einem Geheimnis, das ich nicht länger zu ergründen suche, dessen Ahnung mir bereits reicht und mich seinem Kern näher bringt als jede Analyse des Geistes.

Und diese geheimnisvolle Kraft, sie fließt in mir und in dir, man nennt sie Bauchgefühl oder Herzerwärmen oder Freudentränen. Ihr Fühlen bedeutet unsere Harmonie mit der Melodie des Augenblicks. Wenn dies geschieht, verlieren Zeit und Raum ihre Unüberwindbarkeit, und alle Instrumente der Existenz vereinen sich, um deine Liebe zum Moment zu erwidern.

Das ist das Orchester des Lebens – und monotone Lieder habe ich noch nie gemocht.

Es sind die bittersüßen Melodien, die mein Herz auf die schönste Weise brechen lassen, um dann in der Erleichterung heilender Klänge zu münden.

Und genau das ist mein Leben.

Zwischendurch hat Steve mir die Nummer von einem seiner besten Freunde weitergeleitet, der als Rezeptionist in einem Hotel gleich neben meiner Bleibe arbeitet. Sein Spitzname ist Zizo (ausgesprochen Sieso) und er sieht aus wie das fünfte Mitglied der Beatles. Wir verstehen uns auf Anhieb und verbringen gleich die nächsten zwei Stunden damit, uns in dem kleinen, fensterlosen Büro zu unterhalten. Über seine und Steves Vergangenheit, meine Wüstengeschichten und den komplexen Prozess des Umgangs mit unterschiedlichen Mentalitäten in unterschiedlichen Kulturen.

Dem nicht nur ich, als Deutsche in Ägypten, ausgesetzt bin, sondern auch Zizo als jemand, der sein Leben lang in Ägypten verbracht hat und sich der hier vorherrschenden Mentalität nie zugehörig fühlte. Ich genieße es sehr, mich mit ihm auszutauschen und freue mich über seine Einladung, mit einigen seiner Freunde den heutigen Abend zu verbringen. Umso mehr freue ich mich, als sich die Tür öffnet und besagte Freunde sich zeigen.

Manchmal trifft man Menschen, in deren Anwesenheit man sich ab der ersten Sekunde verliebt. Nicht unbedingt auf eine romantische Art, die Schmetterlinge im Bauch tanzen lässt, sondern auf eine universelle, die Ruhe spendet, alles in einem erleichternd ausatmen lässt. Diese Menschen heißen in meinem Fall Nino, Sarah, Lulu, Maura und Badri. Nacheinander betreten sie den Raum, in dem Zizo und ich sitzen, und mit jedem von ihnen, der durch die Tür tritt, ahnt mein Herz immer und immer schöneres.

Nino und Sarah sind ein junges Paar und arbeiten wie Zizo an der Rezeption. Lulu ist ihre zweijährige Tochter, von deren selbstbewussten und humorvollen Art ich sofort toll Fan bin. Mit großen Gesten gestikuliert dieses kleine Mädchen vor sich hin, und seine Eltern stehen schmunzelnd daneben. Badri kommt aus Ägypten, ist aber vor sechs Jahren nach Dresden gezogen und dort mit Maura zusammen gekommen. Alle von ihnen strahlen etwas wunderbar Umarmendes aus, und je mehr ich mich auf dem Weg zum Taxi mit ihnen austausche, desto mehr wird mein Bauchgefühl bestätigt.

Mit einem Jeep fahren wir Richtung Wüstenberge, wo Live Musik gespielt werden soll. Ob es sich dabei um denselben Ort handelt, an dem ich mit Friday war? Maura und ich sitzen hinten auf der Ladefläche des Jeeps und lassen uns die Nachtluft um die Ohren fliegen. Ich merke, dass ich friere, und entscheide, dass mir das egal ist. Wie bedürfnislos die Liebe macht.

Nach einer Weile erkenne ich tatsächlich die warmen Lichter und das große Lagerfeuer von dem Abend mit Friday wieder. Wir suchen uns eine Sitzecke direkt am Fuß eines Felsen aus und prosten uns sowohl mit Tee als auch mit Bier zu, und weil wir uns alle schnell einig darüber sind, wie wohl wir uns beieinander fühlen, wird kurz darauf auch der Tequila geöffnet.

Wenn ich mich heute an diese Stunden zurückerinnere, erinnere ich mich weniger an Gesagtes als an Gefühltes, an diese rundum wohlige Atmosphäre zwischen uns, dieses selbstverständliche Vertrauen.

An Badri, der vor mir in die Hocke geht, mich aus seinen grünen, aufrichtigen Augen ansieht und sagt:

„Hey, ich habe von Zizo gehört, dass du blöde Erfahrungen mit einigen Männern hier gemacht hast, und das tut mir wirklich Leid zu hören. Das hast du nicht verdient. Stellvertretend fürs männliche Geschlecht möchte ich mich dafür bei dir entschuldigen – falls du darüber reden möchtest, bin ich da"

In seiner Stimme schwingt so ehrliches Mitgefühl mit, dass es mir Tränen in die Augen steigen lässt. Zwar habe ich alleine ganz gut Frieden finden können mit dieser Thematik, doch diese Worte aus dem Mund eines ägyptischen Mannes zu hören, eröffnet mir die Möglichkeit einer neuen Ebene von Versöhnung mit allem Geschehenem. Als Badri weg ist, laufen mir leise lächelnde Tränen die Wangen hinunter, und als Nino wenige Minuten später ebenfalls mit dem gleichen Anliegen zu mir kommt, heilt in mir auch das letzte Stückchen Verbitterung. Mein Glauben an das Gute wird immer wieder bestätigt.

Als ich meinen letzten Schluck Tequila nehme, fällt mein Blick auf Lulu, deren Abenteuerlust sie ziemlich hoch auf den Felsen getrieben hat. Ohne lange zu überlegen, springe ich auf und klettere ihr hinterher, bis ich meine Hand schützend auf ihren kleinen Rücken legen kann. Kurzerhand setze ich mich auf einen Vorsprung, der gerade so groß genug für mich ist, und umklammere sie auf meinem Schoß. Die anderen schauen klatschend und jubelnd zu mir hoch. Ich lache zurück: „Danke, danke! Aber es gibt ein Problem: ich habe zu viel Tequila intus, um hier wieder runterzukommen!"

So lasse ich die Welt sich eine Weile lang ausdrehen und genieße mit Lulu die bezaubernde Aussicht auf die leuchtenden Sterne über uns und die strahlenden Menschen unter uns.

„Yalla, Lulu", beschließe ich dann und klettere mit ungeahnten Fähigkeiten, die wohl nur Alkohol imstande ist zu wecken, mit Lulu auf dem Arm unversehrt hinunter.

Da jeder in ein Gespräch vertieft ist, betrachte ich ganz bewusst die Menschen um mich herum und verliebe mich ein weiteres Mal in jeden einzelnen von ihnen.

Vor allem aber verliebe ich mich in ihrer Nähe in mich selbst. Ganz am Anfang noch hatte ich geglaubt, sie auf irgendeine Weise beeindrucken, sie von mir überzeugen zu müssen, mir ihre Liebe zu verdienen – wie es sich herausstellt, ist es dafür völlig ausreichend, ich selbst zu sein.

Mich so selbstverständlich willkommen zu fühlen, so gesehen und wertgeschätzt in dem, was ich wirklich bin, einen Platz zwischen ihnen zu haben, für den ich nicht kämpfen musste… daran bin ich nicht gewöhnt.

Ich bin gewöhnt daran, mich fremd zu fühlen, das Gefühl von Zugehörigkeit nur durch viel Kraft erreichen zu können. All das fällt mir erst auf, weil ich hier das Gegenteil erlebe – weil ich erfahre, dass ich für die Liebe anderer Menschen mein wahres Selbst nicht verleugnen muss, sondern gerade dieses wahre Selbst es ist, das auf so viel Liebe stößt. Mit jeder weiteren Sekunde zwischen diesen Menschen fühle ich mich in mir selbst freier und sicherer zugleich. Frei dazu, mich ungefiltert zu zeigen, wie ich bin, und sicher aufgehoben in der Gewissheit, als genau dieser Mensch gesehen und gefeiert zu werden. In ihren Blicken spiegelt sich wider, wie gern ich mich eigentlich haben kann.

Ja. Es ist möglich. Kein Traum, sondern Realität.

Als nach vielen schönen Stunden sogar die so aufgeweckte

Lulu schläfrig wird, machen wir uns im Jeep wieder auf den Rückweg nach Dahab. Die große Straße ist bis auf uns völlig leer, mein kleines Herz so voll.

Maura und ich sitzen mit ausgestreckten Beinen und Kopf im Nacken auf der Ladefläche, meine Haare wirbeln durch den Fahrtwind und fordern die Sterne über uns zum Tanz heraus. Da beschließe ich, das selbe zu tun.

„Maura!", rufe ich durch den Wind hinweg zu ihr herüber. Sie dreht ihren Kopf zu mir. „Conni!"

Mit einem herausfordernden Grinsen gehe ich langsam in die Hocke, halte mich am Außengeländer der Ladefläche fest, drehe mich vorsichtig um 180 Grad und lege beide Hände fest um eine Stange, die auf Dachhöhe ist. Aus den Augenwinkeln bekomme ich mit, wie Maura es mir nach tut. Das Auto rast, der Wind bläst uns um die Ohren und ich kralle meine Finger noch fester um die Stange.

Ein letzter Blick zu Maura. Wir nicken uns zu.

Und stehen auf.

„AAAAAAAAAAHHHHHH!"

Ich schreie. Ich schreie und lache und atme und fliege. Über die leer gefegte Schnellstraße hinauf zu den Sternen und noch weiter. Damit ich nicht wirklich von der Ladefläche fliege, hocke ich mich kurz zurück in den Windschatten des Autos. Maura tut es mir gleich und sagt lachend: „Das ist ganz schön schnell, oder?"

Ich lache zurück. „Wir werden sterben!"

Im nächsten Moment ziehen wir uns wieder hoch und schreien uns die Seele aus dem Leib. Mir fließen Tränen die Wangen hinunter, vom Wind und von der Liebe für den Moment.

Pure Daseinseuphorie fließt durch jede Zelle meines Körpers, durch jede Pore meines Seins.

Genau hierfür. Genau hierfür lebe ich.

Meine Hände umklammern das Dach, doch meine unsichtbaren Flügel breiten sich aus, so weit, als wollten sie die ganze Welt umarmen.

Zurück im Hostel lasse ich mich überglücklich in mein Bett fallen. Nichts, rein gar nichts könnte an diesem tiefen Glück rütteln. Durch einen Griff in meine Tasche fällt mir auf, dass ich bei meiner Bergsteig-Aktion wohl 20 Euro verloren habe. Normalerweise würde ich mich darüber ärgern, doch jegliche Anhaftung an etwas im Grunde so substanzlosem wie Geld löst sich auf in dem Meer an Liebe, in dem ich schwimme. In einem Universum der Vergänglichkeit ist es das, was bleibt. Meine Erfahrungen hier im Sinai haben mich immer mehr loslösen lassen von allem zu wissen Geglaubtem.

Die Konzepte von Geld, Zeit und meiner Identität sind so fließend geworden, dass sie sich irgendwann aufgelöst haben, und umso sensibler bin ich nun für das, was wirklich echt ist, was das Herz in meiner Brust spürbar klopfen, mich der Welt um mich herum nah sein lässt.

Es liegt in der Musik und der Natur, in allem Heiligen und Geheimnisvollen, allen voran der Liebe und der Verbundenheit zum Augenblick.

Der enorme Druck, irgendetwas außerhalb dessen erreichen zu müssen, löst sich in diesem Erinnern ans mir Wesentliche auf.

Nachts

Wozu brauche ich Geld, wenn ich eine Familie habe?

Ist Geld für uns nicht in erster Linie Sicherheit? Sind wir nicht deshalb so versessen darauf?

Ich habe an diesem Tag den Zugang zu einem Gefühl von Sicherheit gefunden, dessen Quelle sich bedingungsloser, natürlicher und vor allem unversiegbar anfühlt.

Passend dazu stoße ich kurz vorm Schlafen gehen auf einen Beitrag von Anselm Pahnke.

Anselm ist eine meiner größten Inspirationen, was das Reisen betrifft, sodass ich gespannt seine Gedanken lese, die er online geteilt hat. Es geht dabei um Unabhängigkeit und darum, wie Anselm diese lange für Freiheit gehalten hat. Dass er mittlerweile erkennt, dass Freiheit weniger mit totaler Unabhängigkeit und mehr mit freiwilliger Abhängigkeit zu tun hat. Ich finde mich in seinen Worten wieder, besonders nach diesem Abend, der mich zum ersten Mal Sicherheit und

Freiheit hat gemeinsam fühlen lassen. Ohne lange zu
überlegen, öffne ich die Kommentarfunktion und tippe:

*„Die Sehnsucht nach Freiheit ist meiner Meinung nach auch
immer die Sehnsucht nach Sicherheit.*
*Diese beiden Begriffe werden einander oft gegenüber gestellt,
dabei sind sie im Kern doch so nah beieinander.*
Denn warum sehnt man sich überhaupt nach Freiheit?
*Anscheinend ja, weil man sich auf irgendeine Weise gefangen
fühlt. Man möchte ausbrechen, gewissen Dingen entfliehen,
absolut unabhängig sein – vielleicht, um nicht noch einmal
den Schmerz eines unfreiwilligen Abhängigkeitsverhältnisses
zu empfinden.*
*Die Quelle dieses Sehnens nach Freiheit liegt also in einem
tiefen Gefühl der Unsicherheit. Man fühlt sich fehl am Platz,
gefährdet durch ungewollte Bindungen. Dann kann man sich
für gewisse Zeit von allen Bindungen lösen, und erstmal mag
das befreiend sein, doch wie du schon schreibst – langfristig
wird einem vielleicht bewusst, dass man eigentlich nach etwas
anderem gesucht hatte: Sicherheit.*
*Und damit meine ich keine äußere Sicherheit – Geld, Haus,
Familie, whatever. Nein.*
*Eine tiefgehende, innere Sicherheit, in deren Gewissheit man
sich fallen lassen kann.*
*Das ist wirkliche Freiheit: wenn man sich unabhängig von
dem ständigen Wandel der Dinge sicher fühlt als der Mensch,
der man ist; geborgen und gut aufgehoben dort, wo man ist"*

Ich denke an meine Ankunft in Dahab zurück, wie ich am
Meer saß und mich im Unbekannt sein gesonnt habe…

*„Ich kann in die Ferne reisen und genießen, dass ich nicht
kenne und nicht gekannt werde. Das ist kurzfristige Freiheit
für mich…"*

… und denke dann an meine heutige Ankunft in Dahab
zurück, herzerwärmt vom Kennen und Gekannt werden.

„… doch wirklich erleichternd und tiefgehend, langfristig

befreit aufatmen kann ich erst, wenn ich mich gekannt fühle
und meine vertraute Verbindung zu Mitmenschen und der
Natur mir erlaubt, mich fallen lassen zu können in dieses
Leben und darauf zu vertrauen, dabei stets getragen zu
werden.
Darum: Freiheit = Sicherheit.
Man muss sich wohl von den gängigen, oberflächlichen
Assoziationen von Sicherheit und Freiheit lösen und in sich
selbst hineinspüren, um ahnen zu können, was ich meine."

Ich sende den Kommentar ab und kuschle mich erfüllt in mein
Bett.
Wie schön es ist, alleine sein zu können, sich selbst ein guter
Freund.
Doch wie schön erst, diese Freundschaft mit anderen teilen zu
können.

Weil es das letzte Mal so gut geklappt hat, mache ich mich auch an diesem Morgen mit meinem Tagebuch im Gepäck auf den Weg in das Nachbarcafé von Sayed.

Während ich dort auf meinen Kaffee warte, erscheint Sayed nebenan im Außenbereich seines Cafés. Er winkt mir zu, und mit einem schlechten Gewissen winke ich zurück. Ich setze an, mich zu erklären – wieso ich hier sitze und nicht bei ihm – doch er winkt ab, kommt auf mich zu und sagt:

„Conni – just enjoy. Enjoy your coffee, enjoy your day, enjoy everything!"

In seiner Stimme schwingt kein bisschen Enttäuschung mit, in seinem Blick kein bisschen Wut. Ich spüre, dass er seine Worte genau so meint, wie er sie ausgesprochen hat. Mein schlechtes Gewissen verflüchtigt sich, ich lächle ihm dankbar zu und schüttle innerlich den Kopf.

Wie viele dieser Erwartungen gibt es wohl? Die, die wir auf andere projizieren und doch nur in uns selbst existieren?

Von denen wir meinen, dass andere sie an uns stellen würden, doch das schlicht und einfach nicht wahr ist?

Wahrscheinlich vermuten wir überall Erwartungen, weil wir im Laufe unseres Lebens so an sie gewöhnt wurden. Weil sie hinter allem lauern, was wir tun; weil keine unserer Entscheidungen und Handlungen unkommentiert, unbewertet bleibt.

Muss das sein? Brauche ich das noch? Was wäre, wenn ich meinen eigenen Anspruch an das Erfüllen der Ansprüche anderer einfach aufgeben, den Mut aufbringen würde, Nein zu sagen – und beginne, selbst über die Definitionen meines Kosmos zu entscheiden?

Mit jeder Welle, die sich kraftvoll aufbäumt, um sich im gleichen Atemzug zurück in die weite Vereinigung des Ozeans stürzen zu lassen, wird mehr und mehr die Illusion der Mauer fortgespült, dessen Existenz bloß durch die Überzeugungen anderer aufrecht erhalten wurde.

Mit jedem wegbrechenden Stück dieser Mauer gewinnt etwas in mir an Raum, dem ich zu lange nicht genug des Vertrauens gewidmet habe, das es verdient.

Es war schon immer da, hat mich zu jeder Zeit spüren lassen, wie die für mich richtige Antwort in jeglicher Situation lautet.

Doch eine Stimme, die oft genug zum Schweigen gebracht wird, ist irgendwann nur noch ein schwaches Flüstern. Und wenn wir uns unserem inneren Kompass nicht länger zu folgen trauen, suchen wir außerhalb von uns nach der so dringenden Orientierung.

Dabei brauchen wir keine Ratschläge, die uns bloß weiterhin von dem Blick ins Innere abhalten.

Was die Stimme in uns braucht, um sich wieder sprechen zu trauen, ist jemand, der ihr zuhört.

Mir kommen die Tränen, als ich daran denke, wie willkommen ich mich gestern gefühlt habe unter diesen Menschen, wie gesehen, gehört und geliebt als genau das, was ich bin.

Das ist es, was mir heute - gerade jetzt - die Stärke verleiht, endlich zu realisieren, dass ich mir selbst am meisten vertrauen darf.

Dass ich die Freiheit habe, meine eigenen Entscheidungen zu treffen, mein Leben selbst zu gestalten, mein eigener Raum zu sein, über dessen Grenzen allein ich selbst entscheide.

Vor dem gestrigen Tag war ich ein Meer ohne Strand, verloren in seiner Konturlosigkeit - nun erkenne ich die Berge am Horizont, und in ihnen die Kraft, die darin liegt, auf dieser Welt seinen Platz zu beanspruchen.

Ein unaufhaltsamer Strom des Erinnerns an meine Stärke und meine Freiheit fließt durch mich hindurch, und ich schreibe in mein Tagebuch die Worte:

Der größte Verlust im Leben ist die Verdrängung dessen, was wir sind.
Ich schulde niemandem etwas, nicht einmal mir selbst.
Nein, das stimmt nicht.
Ich schulde mir Respekt. Vor dem Ausleben meiner Wahrheit.
Und ich schulde mir das Empfangen der Liebe, die ich verdiene.

Dazu schreibe ich Hannas Worte, die sie mir bei unserem Abschied vom Camp gesagt hat:

„Und Conni – lass dich nicht fertig machen."

Nein. Nicht mehr.

Und als ich das Cafè verlasse und meine ersten Schritte auf der Straße mache, merke ich den Wandel in meinem ganzen Wesen. Größer komme ich mir vor, anwesender.

Unbeirrt setze ich einen Fuß vor den anderen, geleitet von einer inneren Stärke, die genährt wurde von einer Liebe, die mir all das nötige Vertrauen in jeden einzelnen dieser Schritte gibt.

Weil ich es bin, die sie geht.

Als ich an Khaleds Atelier vorbeilaufe, scheint dieser gerade eine Pause vom Malen zu machen. Er steht im Eingang und betrachtet die vorbeigehenden Menschen, das durch die Lücken zwischen den Cafès hervorlukende Meer. Und in der Art, wie er all das betrachtet, stelle ich fest, dass ein Künstler vielleicht eine Pause vom Malen machen kann, doch nie eine Pause von der Kunst selbst, liegt sie doch in seinen eigenen Augen, mit denen er die Welt in sich und um sich herum jeden Moment erfährt. Als diese Augen meine finden, schenken wir uns ein Lächeln, in dem Verbundenheit liegt.

„Khaled, wie schön, dich zu sehen. Wie geht es dir heute?"

„Salam Conni, mir geht es gut. Heute wirft die Sonne ein ganz besonders schönes Licht, findest du nicht auch?"

Ich drehe mich einmal im Kreis, betrachte die Farben und das Leuchten dieses Tages.

„Das stimmt. Ganz besonders schön. Wie der Stein, den dein Sohn gemalt hat. Ich wollte mich nochmal dafür bedanken! Jedes Mal, wenn ich ihn sehe, rührt er mich aufs Neue und bringt mir solche Freude."

Khaled nimmt meinen Dank mit seiner aufs Herz gelegten Hand an, und für einen Moment herrscht Stille. Dann sagt er etwas, mit dem ich niemals gerechnet hätte.

„Weißt du was, Conni? Geh vorne an den Strand und finde einen Stein, der dir gefällt. Wähle einen, bei dem du fühlst, dass er zu dir gehört. Bring ihn mir und ich werde ihn für dich bemalen."

Ungläubig starre ich ihn an. „Wirklich? Das würdest du wirklich tun?"

„Natürlich, ja! Geh schon! Ich warte hier auf dich"

Strahlend laufe ich los, kann mich kaum zurückhalten vor Aufregung – wieso sollte ich auch? – und renne ans Meer. Außer Puste komme ich an, lasse meinen Blick fokussiert über die von den heranrollenden Wellen überspülten Steine schweifen. Jetzt soll ich also einfach fühlen, welcher der Richtige ist?

Meine Augen bleiben an einem von ihnen hängen, der vom Meereswasser dunkel glänzt. Er schmiegt sich perfekt meinem Griff an, als ich ihn in die Hand nehme, und obwohl es sich um einen Stein handelt, fühlt er sich weich an auf meiner

Haut. Der wäre schonmal gut, denke ich, doch halte trotzdem weiter Ausschau. Es könnte ja sein, dass es einen noch besseren gibt, den ich verpassen könnte.

Und je länger ich gebückt über den Sand laufe, je mehr Steine ich unter die Lupe nehme, desto unsicherer werde ich. Weil ich nicht möchte, dass ich mich in der Verunsicherung verliere, entscheide ich mich schnell für einen, der eine große Fläche zum Malen bietet - ich möchte es Khaled ja auch nicht unnötig schwer machen.

Mit dem großen Stein in der Hand laufe ich zurück zum Atelier, wo Khaled sich mittlerweile wieder vor seine Leinwand gesetzt hat. Prüfend betrachtet er mein Mitbringsel von allen Seiten, wiegt es in seiner Handfläche hin und her, und sagt: „Das ist zwar ein schöner Stein, doch er ist sehr schwer. Ein etwas flacherer Stein wäre gut."

„Ich dachte, ich bringe dir einen mit, auf dem du möglichst viel Platz zum Malen hast", versuche ich meine Entscheidung zu erklären.

Lächelnd antwortet er: „Du sollst nicht den Stein wählen, von dem du denkst, dass er *mir* am besten gefallen würde. Sondern den, der sich richtig für *dich* anfühlt."

Ich nicke, erinnere mich an meinen erst heute Morgen verfassten Tagebucheintrag.

„Verstanden. Bin gleich wieder da!"

Wieder renne ich los, zur selben Stelle wie vorher, und halte hochkonzentriert Ausschau nach dem Stein, den ich als allererstes gewählt hatte. Und tatsächlich. Überraschend schnell finde ich ihn wieder und bin sehr erleichtert – ich male mir die Tragweite von Fehlentscheidungen immer so endlos groß und unkorrigierbar aus, doch da unterschätze ich die Großzügigkeit des Universums.

Zufrieden laufe ich zurück zu Khaled, der den Stein nur ein paar Sekunden lang betrachtet, bis er sagt: „Er ist perfekt."

Er weist auf einen Hocker neben ihm, auf den ich mich setze.

„Also, Conni", sagt er, „was möchtest du auf deinem Stein? Die Berge, Korallenriffe, den Sonnenuntergang... was gefällt dir hier an Dahab besonders?"

„Everything! Alles!", entgegne ich mit zu beiden Seiten ausgebreiteten Armen. „Unmöglich, mich da zu entscheiden.

Das liegt ganz in deiner Hand, ich lasse mich einfach überraschen"

Während der nächsten halben Stunde sitzen wir schweigend nebeneinander. Khaled ist ganz vertieft in seine Kunst, und ich bin es ebenfalls. Betrachte seine Gemälde, aus denen seine Liebe zur Natur geradezu herausstrahlt, versinke gedanklich in die auf Leinwand gebrachten Meer- und Wüstenlandschaften.

„Es tut mir leid, dass ich dich warten lasse", unterbricht Khaled die Stille, und sofort schüttle ich den Kopf.

„Das ist doch kein Warten für mich, ich genieße hier jede Sekunde. Keine Sorge", entgegne ich beschwichtigend. Und es stimmt. Generell kann ich mich nicht daran erinnern, wann ich das letzte Mal hier in Ägypten auf etwas gewartet, meine Zeit mit Gedanken an die Zukunft im Kopf abgesessen habe. Auf Reisen verliebt sich meine Aufmerksamkeit jedes Mal aufs Neue in den jetzigen Moment.

So bade ich in der inspirierenden und vertrauten Atmosphäre des Ateliers und Khaleds, der sich nach einer Weile aus seiner gebückten Haltung aufrichtet und einmal tief ein- und ausatmet. Dann geht er einen Schritt nach draußen, wo er den Stein auf einen kleinen Tisch legt, damit die Farbe trocknen kann. Noch immer habe ich keinen einzigen Blick auf den Stein gerichtet.

Khaled steuert an mir vorbei auf ein Regal zu, auf dem verschiedene Schätze der Natur vereint sind. Ich sehe Muscheln, Pflanzen, Sand und Steine. Vor einem von diesen bleibt er stehen. Er ist etwa zwei Handflächen groß, und seine warme Farbe verrät mir, dass er aus der Wüste stammt.

„Mehrere Male wurde ich gefragt, ob dieser Stein zu verkaufen ist, und immer wieder sage ich Nein. Ich habe ihn gefunden, als ich zum Sonnenuntergang in den Bergen der Wüste wandern war, und war überwältigt von seiner Schönheit" Er tritt einen Schritt zurück.

„Erkennst du, wie die rötlichen Verfärbungen auf seinem orangenen Hintergrund von Weitem betrachtet aussehen wie die Berge hier in der Abenddämmerung?"

Ich trete ebenfalls einen Schritt zurück, kneife die Augen zusammen. Tatsächlich.

„Ja! Das ist ja unglaublich!"

Khaled lächelt stolz. „Ich sehe oft schöne Dinge in der Natur, doch die meisten lasse ich da, wo sie hingehören. Doch bei diesem Stein hatte ich das Gefühl, dass er zu mir gehört. Ich nahm ihn in meine Hand, streichelte über ihn drüber, und fragte, ob er mit mir mitkommen wolle. Er sagte Ja."

Er schaut kurz zu mir herüber, als befürchte er, seltsam auf mich zu wirken. Doch ich weiß genau, wovon er redet, und schenke ihm ein ermutigendes Lächeln.

„Ja, ich… rede mit der Natur. Oft stelle ich ihr Fragen. Und sie antwortet mir. Nicht in Worten, sondern in Empfindungen. Weißt du, was ich meine?"

„Oh ja. Ich kommuniziere ständig mit ihr. Das Meer ist wahrscheinlich mein bester Freund, und von Vogelschwärmen werde ich regelmäßig zum Mitfliegen eingeladen. In meinen dunkelsten Momenten immer noch empfänglich zu sein für die Zärtlichkeit der Natur, hat mich schon so einige Male gerettet. Mich freut es gerade so, jemanden kennen gelernt zu haben, der eine ähnlich intensive Verbundenheit empfindet"

„Es freut mich auch so, dich kennen gelernt zu haben. Du hast eine wirklich wohltuende Energie, meine Tochter ist dir sehr ähnlich. Ihr beide seid Menschen, deren Licht wir in dieser dunklen Welt dringend brauchen. Die Menschheit bietet uns unzählige Gründe, hart und bitter zu werden. Umso mehr braucht es Menschen, die weiterhin das Gute und Liebenswerte in den Dingen sehen, die sich ihr offenes Herz und die Reinheit ihrer Seele beibehalten."

Ich bin so gerührt, fühle mich so wertgeschätzt, dass mir fast die Tränen kommen.

„Khaled, so gütige Menschen wie du sind der Grund, weshalb ich mein Herz offen halte. Menschen wie du, die den Wert aufrichtiger Freundlichkeit erkennen."

Bescheiden lächelt er. „Bist du bereit für deinen Stein? Er müsste jetzt getrocknet sein"

„Puh", seufze ich, „ich weiß nicht, ob ich bereit bin. Ich weine ja jetzt schon fast."

Gemeinsam gehen wir zum Eingang des Ateliers, Khaled nimmt den Stein in seine Hand und sieht mich voll freudiger Erwartung an. Ich schließe meine Augen, öffne meine Hände in eine kleine Schale, und als ich das Gewicht des Steins in

ihnen spüre, blinzle ich langsam meine Augen offen.
Und fasse es nicht. Ich hatte ihm gesagt, dass ich an Dahab
alles mag – und er hat mir alles gegeben.

13.03.22

*Er hat mir eine goldene Abendsonne geschenkt, die Berge
meines Traums, das heilige Meer, Fische und Palmen und
Kamele -*

„Ich habe es aus meinem Herzen heraus gemalt", sagt er.

*- und die Reinheit seines Herzens, seine Liebe zur Natur, tiefe
Wertschätzung.
Und dann musste ich einfach weinen. Und dann stiegen auch
Khaled die Tränen in die Augen, wir umarmten uns aus
ganzem Herzen.*

Der Moment, in dem es uns beide vor Rührung überkommt
und wir uns mit Tränen in den Augen in die Arme fallen, ist
einer dieser Momente, in denen ich zweifellos spüre, dass die
Liebe die größte aller Kräfte ist. Und zwar nicht im
ausschließlich romantischen Sinn, sondern in ihrem Ursinn.
Als Ausdruck dessen, was unsere innerste Essenz ist, als
Ausdruck der Verbundenheit, die wir in diesem Innersten alle
miteinander teilen, als Ausdruck allen, was in diesem Leben
echt und lebendig und wahrhaftig ist.
Völlig fertig mit der Welt, völlig versöhnt mit ihr, laufe ich
nach meiner tränenreichen Verabschiedung von Khaled durch
die Straßen und hebe dabei keine Sekunde meinen Blick von
dem Stein, dem Schatz in meinen Händen. Wie habe ich das
bloß verdient? Alles in mir fließt über vor Liebe.

*Für immer wird diese Begegnung eine der mir wertvollsten
sein, der Stein mein größter Schatz. Weil er mich daran
erinnert, dass unvorstellbare Wunder geschehen, wenn ich
dem Leben mein Vertrauen schenke, dass ich gehalten werde
von einem alles durchdringenden Netz an Liebe – dass ich hier
in Dahab die Erfahrung puren Glücks machte.*

Abends heißt es Abschied nehmen von Maura und Badri, die ihre Reise Richtung Alexandria fortsetzen werden. Während wir an der Rezeption sitzen und auf das Taxi warten, erhalte ich die Nachricht, dass ein Streik am Berliner Flughafen dafür sorgt, dass mein Rückflug um einen Tag nach hinten verschoben wird. So kommt zu meinen sechs zu füllenden Seiten dieser planlosen Woche eine siebte hinzu – ein geschenkter Tag. Und dieses Mal weiß ich ganz genau, in welche Richtung mein innerer Kompass ausschlägt. Ich denke zurück an die Wellen, denen ich meinen Wunsch, Steve noch einmal zu sehen, anvertraut habe. Und danke ihnen.

Zizo möchte mich an meinem letzten vollen Tag in Dahab mit seinen Kochkünsten verwöhnen.

Wir sitzen im Taxi auf dem Weg in ein Viertel Dahabs, durch das ich bisher nur einmal bei Nacht mit Hanna gelaufen bin. Es ist das Viertel, in dem die meisten Einheimischen wohnen. Hier finden sich Schulen, Kindergärten und Behörden. Als wir aus dem Taxi steigen, passiert alles so schnell, dass ich meinen Blick an Zizos Hinterkopf hefte und seinen Fersen über die chaotische Straße folge. Ganz gelassen schlängelt er sich an den hupenden, scheppernden Autos vorbei, fängt sogar mitten auf der Straße zwischen zwei Bussen ein Gespräch mit mir an.

„Zizo, stop! Lass uns erstmal diese Straße überleben", unterbreche ich ihn halb lachend, halb verzweifelt mit wild umherblickendem Kopf.

„Oh, stimmt. Ich hab vergessen, dass du das ja nicht gewöhnt bist. Yalla", entgegnet er und manövriert uns sicher auf den Bürgersteig.

Auf dem Weg zum Gemüsehändler beobachte ich fasziniert die Statue zweier Delfine, die sich auf einer Verkehrsinsel in der Mitte allen Geschehens befindet. Heiß strahlt die Sonne herab auf die beiden, an deren Fuße bzw. Flosse zwei beduinische Männer in traditionell weißen Gewändern und rot-weiß karierter Kopfbedeckung plaudernd in der Hocke sitzen und sich von dem Verkehrschaos um sich herum keineswegs beeindrucken lassen.

Eine weitere Szene, die ich mit meinem inneren Auge fotografiere, in der dieser subtile Zauber zweier Welten mitschwingt, die unerwarteterweise so miteinander harmonieren, dass sie nicht mehr voneinander zu trennen wären. Dazu gehört nicht bloß die Szene an sich, sondern auch der Faktor, dass ich diese Szene betrachte; jemand, der eigentlich nicht hierher gehört, und mich dennoch berührt fühle, und irgendwie – zu Hause.

Wenn mehrere Welten aufeinandertreffen, fühlt es sich manchmal an, als würde für einen kurzen Augenblick eine neue Dimension geboren werden – zu kurz, um sie zu ergründen, doch gerade lang genug, ihre zauberhafte Existenz nicht verleugnen zu können.

Wir klappern diverse Gemüsemärkte ab und warten mit

gefüllten Tüten auf ein Taxi, das uns zu Ninos und Sarahs Zuhause fahren wird. Fasziniert beobachte ich die rosarote Bergkulisse, die mich schon seit meinem ersten Tag hier im Sinai so fasziniert. Genau genommen sogar schon länger. Kopfschüttelnd wende ich mich zu Zizo:
„Ich weiß, wie verrückt das klingt. Aber von genau diesen Bergen vor genau diesem blauen Himmel habe ich schon einmal geträumt. Gerade jetzt, aus dieser Perspektive, in diesem Licht, sehen sie haargenau aus wie in einem Traum, den ich ein paar Monate vor dieser Reise hatte. Ich fasse es nicht"
Zizo entgegnet mit einem verschmitzten Lächeln: „Du bist dazu bestimmt, hier zu sein. Halte dich nicht auf an der Frage des Wies oder Warums – entspanne dich einfach in der Gewissheit, dass du auf dem richtigen Weg bist"

Dass ich den Hauptteil meines vorletzten Tages in Ägypten in einer kleinen Küche verbringen würde, hätte ich nicht gedacht. Ich hätte aber auch nicht gedacht, dass das so schön werden würde. Dass ich die Sonne draußen so wenig vermissen würde, wenn ich umgeben bin von Menschen sonnengleicher Wärme. Nino und ich teilen unsere Lieblingsfilme, unsere Lieblingslieder miteinander. Neben uns rührt Zizo in der brutzelnden Pfanne, Lulu klettert auf meinen Schoß. Da ist es wieder, dieses Familiengefühl. Wenn ich zurück in Deutschland bin, frage ich mich, werde ich Fernweh nach Ägypten spüren – oder Heimweh?
Xanadu läuft. Ein Song von Electric Light Orchestra, der von einem Ort erzählt, an dem alle Träume wahr werden. Hunderte Male habe ich ihn bereits gehört. Doch hätte nie ahnen können, dass ich ihn einmal hier hören würde, mein Xanadu in einer kleinen Küche im Sinai finden würde. Meine Lippen formen sich zu einem friedlichen Lächeln. Für das, was ist – und für alles, dessen Schönheit wir heute noch nicht erahnen können.
„And now open your eyes and see, what we have made is real, we are in Xanadu..."
Als die letzten Töne verklingen, höre ich meinen Bauch grummeln.

„Ich will ja nicht hetzen", sage ich, „aber ich bin echt verdammt hungrig"
„Zizo, wenn du nicht bald fertig bist, essen wir dich. And we're gonna start with your ass", stichelt Nino und bringt uns damit alle zum Lachen.

Nachdem die Sonne untergegangen ist, machen Zizo und ich uns zurück auf den Weg zu seiner Rezeption und meiner Unterkunft, die direkt nebeneinander liegen. Wir verabreden uns für in ein paar Stunden, um einen Abschiedsspaziergang durch die Nacht zur Lagune zu machen.
Ich liege auf meinem Bett im Zimmer und überlege, wie ich die Zeit bis Zizos Schichtende überbrücken soll, als die Nacht an meine Tür klopft.
Komm heraus zu mir, sagt sie verlockend, *und erfahre, anstatt zu überlegen.*
Schnell richte ich mich auf, ziehe mir meinen ein paar Tage vorher hier gekauften, dunkelgrünen Pulli über, löse meine von der Sonne blond gebleichten und vom Wind wild zerzausten Haare aus dem Pferdeschwanz und betrachte mich im Spiegel. Unwillkürlich grinse ich mir selbst zu, weil die wachen Augen, in die ich blicke, in den Farben des Meeres strahlen und mir widerspiegeln, wie ich in meinem natürlichen Zustand aussehe. Die Verkörperung des Gefühls, vollkommen ich selbst zu sein.
In diesem Gefühl laufe ich freien und selbstbewussten Schrittes durch die Tür, lasse mich von der lauen Nachtbrise durch die Menschentrauben wehen bis hin zur Strandpromenade, wo die Brandung rauschend schwarz meine Augen schließen lässt, mich blind und barfuß zu sich lockt. Im Schneidersitz lasse ich mich in den Sand plumpsen, öffne meine Augen und sauge diese Atmosphäre mit allen meinen Sinnen ein. Im Rücken die an der Promenade entlang laufenden, lachenden und sich unterhaltenden Menschen, bunte Lichter und Musik aus den umherliegenden Bars. Vor mir das große schwarze Meer, das sich allein durch seine silbrig weiße Gischt erkenntlich macht. Zwischen diesen Kontrasten im Sand sitzend, fühle ich mich zu Hause.
Auf meinem Handy mache ich eins der Lieder an, die Steve

mir gezeigt hat: *Wonderful Tonight*. Ich genieße seine verträumten Klänge erst im Stillen, bis mein Körper tanzen möchte und ich mich aus dem Sand erhebe, meinen Weg über die Promenade fortsetze und mehr tanze als laufe. Ein Lied folgt dem anderen und ich fließe durch die Nacht, getragen von der Musik. Das durch die im Wind wehenden Palmenblätter fallende Licht der warmen Straßenlaternen bildet tanzende Schatten auf der Straße und ich bekomme Lust darauf, in eine der Bars mit Live Musik zu gehen.

Keine zehn Schritte weiter werde ich von einer freundlichen Frau angesprochen, die vor einer dieser Bars steht und mir sagt, dass es gleich losgehen würde mit der Musik. Ich sei herzlich willkommen. Ein kurzer Blick auf die Uhr sagt mir, dass ich gleich schon mit Zizo verabredet bin – wie gut, dass ich in Ägypten bin, wo Uhrzeiten eh nicht so ernst genommen werden. Wie gut, dass ich meinem Bauchgefühl mittlerweile so sehr vertraue, dass ich ohne Schuldgefühle die Bar betrete und mir sicher bin, dass Zizo auch noch etwas dazwischenkommen wird, sodass im Endeffekt alles perfekt getimt sein wird.

Ich bestelle mir einen türkischen Kaffee und setze mich auf eine niedrige, gemütlich gepolsterte Bank, die sich direkt vor den Musikern befindet, die sich gerade ihre Gitarren umhängen, ans Schlagzeug setzen und testend auf Mikrophone klopfen. Ich blicke mich um und stelle erfreut fest, dass die Bar ausnahmslos mit jungen ägyptischen Frauen und Männern gefüllt ist. Das verspricht zweierlei: eine einheimische Erfahrung, und vor allem – großartige Stimmung.

Da spielt die E-Gitarre auch schon ihren ersten Akkord, auf den ein so mitreißender Rhythmus des Schlagzeuges folgt, der mich und alle anderen augenblicklich mitklatschen und mitwippen lässt. Der Sänger hat eine klare, melodiöse Stimme, in dessen arabischen Gesang ebenfalls sofort vom Publikum eingestiegen wird.

Die Stimmung wird immer ausgelassener und wilder, mein Grinsen breiter und breiter. Einmal läuft einer der Barmitarbeiter spontan nach vorne und tanzt gemeinsam mit dem Sänger, ein anderes Mal verlässt der Gitarrist mitten im Lied die Bühne, um einen hereinkommenden Freund zu begrüßen. Niemand lässt sich auch nur ansatzweise von diesen unerwarteten Wendungen irritieren, im Gegenteil – sie gehören selbstverständlich dazu, lassen die Atmosphäre so wunderbar natürlich, spontan und wild sein.

Und genau so fühle ich mich auch. Wie mein natürliches, spontanes, wildes Selbst. Das ich so sehr liebe, zu leben.

Nach etwa einer Stunde beendet die Band ihren letzten Song und ich verlasse strahlend die Bar, um mich auf den Weg zur Rezeption zu machen. Dort packt Zizo gerade seine Sachen und begrüßt mich mit einem: „Gut, dass du jetzt erst kommst – heute hat es länger gedauert. Perfektes Timing!"

Mich wundert nichts mehr.

Mit Triple X Flaschen in den Händen und Decken unter den Armen machen wir uns an der Promenade entlang auf in die Nacht. Das wilde Treiben Mashrabas gerät in immer weitere Ferne, bald hören wir nur noch das gleichmäßige Meeresrauschen links neben uns, unsere Schritte auf dem Boden und ab und zu das Klirren der Flaschen.

„Weißt du, ich habe auf deinem Instagram Profil heute all die Bilder deiner Reisen gesehen. Wahnsinn, wie viel du schon erlebt und gesehen hast. Du lebst meinen Traum!", sagt Zizo.

„Danke! Ja, es ist wirklich toll. Das Allertollste. Doch was man auf den Bildern nicht sieht, sind die vielen Monate, die ich zwischen diesen Reisen zu Hause in meinem Bett verbracht habe, voller Fernweh und Sinnkrisen und Schwere."

„Magst du mir von ihnen erzählen?", fragt er, und weil all meine Gedanken bei ihm bisher so gut aufgehoben waren, erzähle ich gerne.

„Besonders nach meiner ersten und längsten Reise nach Marokko musste ich monate-, wenn nicht sogar jahrelang damit kämpfen, in dem Schatten dieser Reise zu leben, an dessen Intensität nichts heranzukommen schien. Jeden Tag in Deutschland habe ich damit verbracht, mich zurückzuwünschen. Ich musste lernen, dass nicht nur das Festhalten am Schlechten, sondern auch das Festhalten am Guten einen am Weiterleben hemmen kann. War überzeugt davon, dass Glück nur im Woanders zu finden sei, was meine Seele rastlos umherirren hat lassen, geplagt von der eigenen nie enden wollenden Suche nach dem Ankommen"

„Ankommen in der Ferne?", fragt er nach.

„Ja, irgendwie schon. Letztes Jahr habe ich das realisiert: dass ich mich in Wahrheit gar nicht unbedingt nach dem Fremden sehne - denn das Gefühl von Fremde habe ich schon genug -, sondern in der Ferne auf der Suche nach Nähe bin.

Nach Orten, Menschen, Momenten, in denen ich mich angekommen fühle. Die Welt ist so groß – ich dachte, irgendwo muss es doch einen Platz für mich geben, an dem ich mich so, wie ich bin, richtig fühle. Ich habe in meinem Leben immer wieder mit Depressionen zu kämpfen, doch immerhin ist mir dadurch sehr klar, dass meine Lebensfreude mir das Wertvollste ist. So, wie gelähmte Beine wieder laufen möchten, möchte meine gelähmte Seele wieder fliegen. Darum reise ich - als Liebeserklärung ans Leben. Um das zu nähren, was mich dieses Leben so lieben lässt"

„Ja, ich ahne, was du meinst", sagt Zizo, „auch ich musste mein altes Leben verlassen, um meine Lebensfreude wiederzufinden. Meine Familie hat mich jahrelang schlecht behandelt, und eines Tages bin ich einfach fortgegangen. Ich wollte mich nicht länger fremdbestimmen lassen, sondern meine eigenen Entscheidungen treffen. Dass du das schon so jung begriffen hast und den Mut hast, deine Träume zu erfüllen, bewundere ich sehr"

Ich lächle, bin dankbar für seine Wertschätzung.

„Danke, Zizo. Bei all den Zweifeln, die andere Menschen – und ich selbst - meinen Entscheidungen entgegenbringen, tut das tut wirklich gut, zu hören. Auch du verdienst es, ein Zuhause zu finden, das sich auch wirklich wie ein Zuhause anfühlt. Wo auch du wertgeschätzt wirst für den tollen Menschen, der du bist. Eine kleine Familie, die das tut, hast du ja bereits – Nino, Sarah und Lulu!"

„Und dich!"

„Und mich!"

Wir lachen.

„Passt gerade gar nicht zum Thema, aber spürst du den Alkohol eigentlich auch schon so?", frage ich ihn, weil sich meine Welt langsam angenehm zu drehen beginnt. Als Antwort leert Zizo seine Flasche und nickt glucksend.

Wir verlassen den Weg und setzen uns vor ein am Strand

liegendes Boot am Meer, an dem wir uns anlehnen können und vor dem kühlen Wind geschützt sind. Zizo breitet eine der Decken über sich aus und fragt mich, ob ich mit drunter möchte. Mit einem Stich im Herzen bemerke ich, wie mich diese Frage unwohl fühlen lässt. Traurig lasse ich den Kopf hängen.

„Es ist so schade", sage ich, „sogar jetzt gerade, mit dir, dem ich komplett vertraue, fühle ich mich etwas unwohl. Einfach nur, weil du ein Mann bist. Das sollte nicht so sein"

Als ich diese Worte ausspreche, weicht Zizos angetrunkene Heiterkeit sofort einer nüchternen Klarheit. Er nimmt ernst, was ich sage, wie ich fühle.

„Das tut mir wirklich Leid, zu hören. Wenn du dich hier mit mir unwohl fühlst, können wir jederzeit wieder zurückgehen", bietet er mir ohne jeglichen Vorwurf an. „Wirklich!"

Seine ehrliche Besorgnis und der Respekt gegenüber meiner Sensibilität lassen mich wieder entspannen. Beruhigt schlüpfe ich mit unter die Decke und ein paar Minuten später kichern wir wieder ausgelassen und prosten uns zu. Diese Leichtigkeit gepaart mit der Tiefgründigkeit unserer Gespräche lässt mein Herz vor Freude schneller schlagen.

Als wir über die Liebe reden, merke ich mir ganz besonders seine persönliche Definition von ihr:

„Für mich bedeutet zu lieben, voreinander schwach sein zu können. Mein Leben lang musste ich als großer Bruder von vier kleinen Schwestern, deren Eltern gestorben sind, den Starken spielen. Darum ist mir in der Liebe das schwach sein können so wichtig, verstehst du?"

„Oh ja. Wir alle haben uns im Laufe unseres Lebens Schutzmechanismen angeeignet, die wir eigentlich bloß wieder fallen lassen wollen. Uns vor jemand anderem in all unserer Verletzlichkeit gut aufgehoben wissen"

Wir verweilen ein bisschen in Stille, bis ich nachschiebe: „Mit Nino und Sarah habe ich auch viel über das Thema Familie geredet. So vieles läuft schief. So viel Schmerz in einem Umfeld, das uns doch eigentlich mit Liebe nähren sollte. Doch ich möchte mich auch nicht vollständig in diesen Wunden verlieren. Wenn ich zum Beispiel jetzt gerade an meinen Vater und meine Mutter denke, dann denke ich an die Liebe zur

Musik, die ich von ihnen habe, an meinen Sinn für das Schöne, die Natur und die Stille und das Sensible…"

In meinen Augen sammeln sich Tränen. „Im Endeffekt sind sie auch nur die Kinder ihrer Eltern, stimmt's? Und führen wahrscheinlich die gleichen Gespräche wie wir. Ich hoffe, dass wir mit jeder Generation an emotionaler Intellligenz dazugewinnen"

„Das muss", sagt Zizo, „Evolution!"

Wir lachen und prosten einander zu. Meeresrauschen segnet unsere Ohren, das strahlende Vollmondlicht auf dem Wasser unsere Augen.

„Das ist eine der schönsten Nächte meines Lebens", sagt er dann.

„Aywa", stimme ich zu.

„Wenn du für immer in einem Moment leben könntest, welchen würdest du wählen?"

„Ach Zizo, du stellst wirklich die schönsten Fragen. Lass mich überlegen"

Doch anstatt zu überlegen, betrachte ich die Sterne über uns, fühle die Liebe für diesen Moment in mir.

„Vielleicht einfach diesen. Gerade jetzt. Weil sich alles so lebendig anfühlt. Vielleicht würde ich mir noch Nino, Sarah und die anderen dazu wünschen. Und Steve. Ach, all die Menschen, die ich liebe und eines Tages lieben werde"

Zizo legt den Kopf schief, nimmt einen Schluck Triple X und sieht zu den Sternen, als würde er zwischen ihnen nach einer Antwort suchen. Dann lächelt er.

„Wenn wir bloß alle Menschen das fühlen lassen könnten, was wir gerade fühlen. Dann würden sie uns vielleicht verstehen. Wieso wir das Leben so sehen, wie wir es sehen""

„Dass es um so viel mehr geht als ums reine Überleben… ich hatte immer so viel Angst vor der Zukunft. Habe es immer wieder. Wollte den perfekten Plan, der mir ein sicheres Leben garantiert. Doch sag dem Himmel mal, er soll auf unsere Pläne hören!", lache ich und deute nach oben. „Als hätte dieses unbegreiflich schöne Universum nicht bessere Pläne für uns. Und genau für die möchte ich offen sein. Ich möchte herausfinden, wohin es mich führt, wenn ich der Stimme meines Herzens folge, anstatt mich auf eine Zukunft vorzubereiten, die nur in meinem Kopf existiert. Ich möchte das *wirkliche* Leben erfahren, weißt du? Über alle Grenzen der Angst hinweg. Immer häufiger erfahre ich, dass die vielen Dinge, vor denen ich immer Angst hatte, nie eintreffen. Dass da ein Netz ist, das uns hält. Das sich aber erst zeigt, wenn wir springen."

Nach einer Weile packen wir die Decken zusammen und machen uns auf den Weg zurück nach Mashraba. Wir singen, lachen, rennen durch die Straßen um die Wette.
Ursprünglich, weil wir frieren.
Doch dann einfach, weil es solchen Spaß macht.

Nuweiba III

Heute ist der Tag, an dem ich eigentlich hätte zum Flughafen fahren müssen. Stattdessen darf ich diesen geschenkten Tag dafür nutzen, um mich noch einmal in den Bus Richtung Nuweiba zu setzen und meinen in die Wellen gelegten Wunsch Wirklichkeit werden zu lassen.

Ich winkle meine Beine an, kuschle mich in den Sitz und döse in einem leichten Halbschlaf vor mich hin. Ein heller werdendes Licht lässt mich meine Augen aufblinzeln, ihren Blick fallen auf die vorbeischweifenden Wüstenberge, durch die die Sonne ihre schimmernden Strahlen direkt auf mein Gesicht zu lenken scheint.

Wach auf, Kind.

Diese Geschichte, die du in nur einem Monat leben durftest, gehört aufgeschrieben und geteilt. All die Auf und Abs, die Magie der Umwege und des Ankommens nach dem Verloren gehen - diese Fülle an Erfahrungen und Erkenntnissen verdient es, weitergegeben zu werden. Als Dank dafür, dass Träume wahr werden. Als Beweis dafür, dass diese näher an der Wirklichkeit liegen, als wir meinen. Erinnerst du dich an die vielen Traumfänger, denen du auf dieser Reise immer wieder begegnet bist? Sie sind der Namensgeber für dein Buch.

Die Traumfängerin.

All diese sprachlosen Worte erscheinen in meinem Inneren in einer solchen Klarheit, dass ich ihnen meinen zweifellosen Glauben schenke.

Mal wieder spuckt der Busfahrer mich an der falschen Stelle aus, doch diesmal kenne ich den Weg und laufe vorfreudig Richtung Camp. Ram ist der erste, der mich von weitem kommen sieht und in meine Richtung rast. Ich entscheide, es ihm gleichzutun und renne den Hügel hinunter, mit ausgestreckten Armen „Ram!" rufend und von der anderen Seite ein „Conni!" empfangend. Als wir uns in der Mitte treffen, lasse ich meinen Rucksack von den Schultern rutschen und schließe meinen kleinen Wirbelwind fest in die Arme.

„I missed you so much", sagt dieser und drückt mich noch fester an sich.

Für so schöne Wiedersehen kann man Abschieden schon fast dankbar sein.

Weiter geht es mit Baghdadi, mit dem ich mich – wie üblich – ans Meer setze, dessen Schönheit wir uns erst in stiller Kontemplation hingeben, bevor ich ihm von meiner Idee, aus dieser Reise ein Buch zu machen, erzähle.

„… und ich möchte es „Die Traumfängerin" nennen. Ich habe ja sogar von diesem Ort geträumt, von seinen Bergen, bevor ich wusste, dass er existiert", beende ich gerade meine Erzählung.

„Oh, Conni, das war sicher kein gewöhnlicher Traum. Es klingt, als wäre deine Seele geflogen – und du bist ihr mit deinem Körper durch den Einstieg ins Flugzeug bloß gefolgt"

„Hm. Das würde erklären, wieso ich mich hier so nah zu ihr fühle. Ich befürchte bloß, dass es nicht möglich ist, andere Menschen allein durch Worte das fühlen zu lassen, was mich diese Reise hat fühlen lassen"

„Die genauen Worte spielen gar keine so große Rolle, solange du aus deinem Herzen heraus schreibst. So wohnt eine Magie zwischen deinen Zeilen, die die Herzen anderer berührt und verzaubert, und deine Worte werden durch die Welt fliegen, wie es deine Seele tut."

Nach diesen Worten ist das Einzige, das mir noch zum wunschlosen Glück fehlt, das Wiedersehen mit Steve. Ich wundere mich, dass er noch immer nicht aufgetaucht ist, und frage bei Baghdadi nach.

„Ach, der schläft noch. Wir können aber rübergehen und ihn wecken"

Und als wir vor seiner geöffneten Hüttentür stehen und Baghdadi leise „Hey!" zischt, öffnet Steve verschlafen seine Augen und stolpert augenblicklich aus seinem Bett in meine Arme.

Zufrieden lächle ich in mich hinein.

Danke, Meer.

Der Rest des Tages ist ein einziges Genießen - bis die Dunkelheit einbricht. Nicht nur im Außen, im Versinken der Sonne in die geöffneten Arme der Berge, sondern tief in mir drin. Da kippt etwas in mir, unvorhergesehen und schonungslos.

Denn manchmal herrscht Krieg in meinem Kopf. Ja, auch auf Reisen bleibe ich nicht verschont von den Extremen meiner Stimmungsschwankungen, die ohne Vorwarnung auftauchen und mich mitreißen in Fluten, gegen deren erbarmungslose Macht ich nicht gewappnet bin. Sie kriechen aus den finsteren Tiefen meiner Ängste an die Oberfläche meines Verstandes und schalten mit einem Mal alles vorher dagewesene Licht aus.

Ich sitze mit Achmad, Baghdadi, Steve und einer neuen Freiwilligen, Majo aus Argentinien, im Restaurant und spüre sie kommen.

Nein. Nicht jetzt.

Bitte.

Wieso jetzt?

Das farbenfrohe Al Magarra wird binnen Sekunden schwarz unter meinem von vergangen geglaubtem Schmerz getrübten Blick.

Wieso?

Ich versuche, zu verstehen. Versuche, Gründe zu finden, damit es Sinn ergibt. Damit ich es kontrollieren kann.

Versuche, versuche, versuche.

Steve legt seinen Kopf auf Majos Schulter.

Genug, um mein Herz zu brechen.

Benommen stehe ich auf, trage mich und meine tonnenschwere Leere in die Küche, und weine.

Immerhin. Immerhin kann ich noch weinen.

Es kann nicht sein, dass mir das an meinem allerletzten Abend passiert.

Nein, nein, nein.

Ich schüttle den Kopf und schluchzend schüttelt sich mein ganzer Körper.

Conni, beruhige dich. Reiß dich zusammen. Lass es zu. Kämpf dagegen an.

Krieg in meinem Kopf.

Ich atme. Und tatsächlich, die Tränen versiegen. Ich setze mich zurück zu den anderen.

Noch immer liegt Steves Kopf auf Majos Schulter.

Wie sehr ich mich sehne nach Nähe, wie sehr ich mir vor ihr fürchte, wie sehr ich diese Menschen liebe und wie unerträglich ihre Unerreichbarkeit in diesem Moment ist, wie unüberbrückbar die Distanz zwischen ihnen und mir.

Es geht nicht. Mit einem tiefen Seufzer erhebe ich mich, wanke zurück in die Küche, hocke mich auf den Boden und weine weiter.

Ich weiß nicht, wie viel Zeit vergeht, bis Achmad auftaucht. Er fragt mich, was los ist, ich schüttle den Kopf. Versuche es gar nicht erst.

Denn wie kann ich den tiefsten aller Schmerzen erklären, ohne die Geschichte meines gesamten Lebens zu erzählen?

Vom Schmerz, all die falschen Arten von Liebe erfahren zu haben, von dem noch unerträglicheren Schmerz, der richtigen Art von Liebe so greifbar nah zu sein und doch die Hand nicht ausstrecken zu können, weil die Narben der Ablehnung schon so lange und so tief in ihr eingebrannt sind?

Achmad geht.

Ich verlasse die Küche, laufe an den anderen vorbei Richtung Meer.

Bitte, Meer. Bitte.

Ich lege mich auf den Rücken in den Sand und weine noch ein weiteres Mal.

Ein verlorener Abend, ein verlorener Kampf, alles Licht der letzten Zeit verloren in Dunkelheit.

Von hinten höre ich Schritte, jemand setzt sich neben mich in den Sand. Ich richte mich aus meiner liegenden Position auf und finde mich neben Steve sitzend.

„Du weinst jetzt seit einer Stunde", sagt er ruhig.

Vorwurfsvoll, sagt mein Kopf.

„Bitte sag mir, was los ist"

Wenn er nur wüsste, wie gerne ich würde.

Ich schäme mich meiner Blöße, meiner Bedürftigkeit, meiner Hilflosigkeit.

Meiner Schwäche.

Zizo. Was hatte er gleich gesagt? Zu lieben bedeutet, schwach sein zu können.

Und da fasse ich einen Entschluss.

Ich kapituliere. Höre auf, zu versuchen. Beginne, zu sein.

Genau so, wie ich hier bin – trotz der Scham, trotz der Angst, trotz der Zweifel – trotz, trotz, trotz.

Mit allen von ihnen. Und wir sprechen.

„Gerade… gerade kommt alles Dunkle, alles Schmerzvolle in meinem Kopf zusammen. Und ich… ich komme einfach nicht dagegen an, weißt du? Ich versuche es mit aller Kraft, doch es geht nicht, ich weiß einfach nicht, wie… ich weiß es nicht. Ich wusste es noch nie. Und ich wollte euch so gerne um Hilfe bitten, um eure Liebe, eine Umarmung, doch es ging nicht, ich…"

Bevor ich meinen Satz beenden kann, schließt mich Steve fest und liebevoll in seine Arme.

„Aber natürlich kannst du uns um eine Umarmung bitten, Conni", sagt er mit einer Selbstverständlichkeit, die meine inneren Fluten, die vorher so unbezwingbar schienen, auf der Stelle in eine sanfte See verwandeln.

Da realisiere ich: alles, wonach ich gesucht habe, geschrien, gedürstet – liegt in der Selbstverständlichkeit dieser Umarmung. In dem Gefühl, nicht alleine sein zu müssen in meinem Leiden.

Mein Leben lang habe ich alleine gekämpft, in unzähligen Büchern, Weisheitslehren und Heilungspraktiken nach dem Ende des Schmerzes gesucht, meine Psyche bis in den letzten Winkel analysiert - und nun ist die Antwort ganz simpel.

Sie liegt hier, in dieser Umarmung, im Vertrauen können, in der Erlaubnis, andere um Liebe bitten zu dürfen, ohne Scham dafür empfinden zu müssen.

Nicht im Göttlichen, sondern im zutiefst Menschlichen.

Nicht im ständigen Bekämpfen meiner Dunkelheit, sondern in der Erkenntnis, dass dies auch nur Gedanken und Gefühle sind, die sich nach Begegnung sehnen. Nach Liebe.

Als Steve und ich uns langsam voneinander lösen, merke ich, dass Majo und Achmad zu uns gestoßen sind.

„Jetzt bin ich dran!", sagt Majo, setzt sich mir im Schneidersitz gegenüber und nimmt mich in den Arm.

Erleichtert drücke ich sie an mich und blicke über ihre

Schulter hinweg in den schwarzen Himmel, der diese Nacht von unzähligen Sternen erleuchtet wird.

„Don't be afraid, don't be afraid, I will be there…"

Zu viert verbringen wir die Nacht gemeinsam in einer Hütte, eingemuckelt in warmen Decken. Wie froh ich bin, als ich am nächsten Morgen früh genug aufwache, um durch die kleine Fensterscheibe die tiefgoldene Sonne am Horizont aufgehen zu sehen. Achmad und Steve liegen friedlich schlummernd aneinander gekuschelt und ich kann mich gar nicht entscheiden, welcher Anblick mein Herz mehr erwärmt.

Ich werfe mir meine Decke um die Schultern und schleiche leise zur Tür hinaus, um meine Augen vom goldenen Licht der aufgehenden Sonne ohne die Trennung der Fensterscheibe segnen zu lassen. Ich atme klare, kühle Morgenluft ein.

Die friedliche Stille wird auf die lustigste Weise unterbrochen, als Achmad und Steve vor Kälte bibbernd und arabische Schimpfwörter zischend nach draußen treten und mit Decken um den Schultern Richtung Toiletten sprinten.

Wenig später treffen wir uns alle im Restaurant, um das Frühstück vorzubereiten. Während ich gerade gedankenverloren die Melodie von „Let your soul be your pilot" vor mich hersumme, sehe ich Steve auf mich zukommen. Wie passend, denke ich. Und wie schön. Wie sehr dieser Mensch mich in diesen wenigen Tagen berührt hat.

Er nimmt neben mir Platz, wir sehen schweigend aufs Meer hinaus.

„Steve?" Ich drehe meinen Kopf zu ihm.

„Danke, von Herzen. Für alles. Nicht nur für deine ganze Hilfe bei allem, sondern für... dich. Für jeden Moment mit dir. Jeder einzelne davon erwärmt mein Herz. Von Anfang an, seit wir uns das erste Mal gesehen haben."

Er blickt mich an auf eine Weise, die keiner Worte bedarf. In diesem Moment weiß ich es.

Doch die Zeit ist noch nicht gekommen. Er legt seine Hand auf sein Herz und erwidert: „Seit dem ersten Moment, ja. Mir geht es genauso."

Versonnen lächeln wir uns an, da fällt mir etwas ein.

„Ich muss dir noch das Geld für meinen Aufenthalt hier geben. Es liegt in der Hütte", sage ich.

Steve fängt an zu lachen: „In der Hütte?! Wo hast du es versteckt? Unterm Bett?"

„Nee", kichere ich, „darauf. Und Achmads Nutellaglas habe

ich als Fixierung draufgelegt."

„Unter das Nutellaglas? Conni…" In seinem Lachen hält er kurz inne, sieht mich an, ich schmelze.

„… yalla, komm, das will ich mit eigenen Augen sehen", beendet er seinen Satz und steht auf.

Gemeinsam gehen wir zu meiner Hütte und stolz präsentiere ich ihm meine Nutella-Bett-Geld Konstruktion.

„Du hättest es mir auch einfach persönlich geben können, das weißt du schon, oder?", lacht er. Dann blickt er auf die Uhr und mit einem traurigen Gesichtsausdruck wieder auf.

„In zehn Minuten musst du gehen…" Er legt seinen Kopf schief, breitet seine Arme aus und ich falle noch ein letztes Mal hinein.

„Können wir diese letzten zehn Minuten damit verbringen, uns zu umarmen?", frage ich in seine Schulter.

„Sehr gerne", antwortet er.

Und da erinnere ich mich. Es passiert, hier und jetzt: die Umarmung aus meinem Traum. Die sanfte Brise der Liebe. Ich drücke ihn fester.

Da sagt er: „Bitte weine keine traurigen Tränen mehr. Nur glückliche. Freudentränen."

Und noch fester.

Nach ein paar Minuten – vielleicht nicht ganz zehn – lösen wir uns mit Tränen in den Augen voneinander und verlassen gemeinsam die Hütte.

Mein Blick fällt auf die rosaroten Bergspitzen, und da möchte ich meine Erkenntnis teilen.

„Steve", sage ich aufgeregt, „hiervon habe ich geträumt! Von diesen Bergen", ich deute mit beiden offenen Händen auf sie, „und… von einer Umarmung. Unserer Umarmung"

Ich denke an Baghdadis Worte über das Reisen meiner Seele – natürlich möchte sie zu diesem Moment zurückkehren. Offensichtlich.

Nun hatte ich die Berge, die Umarmung – jetzt fehlt nur noch der Bus. Hier und jetzt handelt es nämlich um ein Taxi, dem ich leider Schritt für Schritt näherkomme.

Ein letztes Mal drücke ich sie alle an mich, sauge mit jeder Pore meines Körpers die Liebe auf, die diesen Ort, diese Zeit, erfüllt.

Seufzend setze ich mich ins Taxi, Steve schließt die Tür und schenkt mir einen letzten Blick in seine warmen, liebevollen Augen, den ich mit jedem Detail in mein Gedächtnis einbrenne.

Ich verließ Al Magarra als ein neuer Mensch; als ein Mensch, dem Schicht für Schicht der Schutzpanzer abgezogen wurde, denn dieser war nicht länger nötig in diesem Umfeld angstloser Liebe.
Ich verließ Al Magarra als ich selbst – in meiner befreitesten Form.
Kein Wunder, dass meine Seele gerne an diesen Orten fliegt – let your soul be your pilot.

Rückflug

Mein Bus Richtung Flughafen fährt aus Dahab ab. Dort habe ich noch eine Stunde Zeit, die ich damit verbringe, mich von Nino und Sarah zu verabschieden und in einem der Shops einen kleinen, gelben Traumfänger zu kaufen, der im Wind tanzt und mich anlächelt.

Diesen halte ich grinsend vor die Berge, sozusagen als Bild des tatsächlich gefangenen Traums, während ich mit Zizo an der Haltestelle sitze und auf den Bus warte. Er beobachtet mein Spiel mit dem Wind und fragt: „Was geht gerade in dir vor?"

Schon wieder eine dieser Fragen, die wir einander viel zu selten stellen.

Ich lasse den Traumfänger sinken, schließe meine Augen und atme ein paar Mal tief ein und aus.

„Ich sauge ein letztes Mal diesen Ort in mir auf. Die Berge, das Meer, die Sonne, die Menschen – an all das möchte ich mich für immer erinnern... ganz besonders aber daran, wie ich mich jetzt gerade fühle. Für immer möchte ich mich daran erinnern, wie es sich anfühlt, aus ganzem Herzen zu lieben und geliebt zu werden. Wie ich mich anfühle, wenn ich in Vertrauen statt in Angst lebe – denn dann bin ich wirklich."

Zizo lächelt. Blickt hinunter auf das Ticket, bei dessen Kauf er mir geholfen hat und sagt: „Du weißt, dass dein Busticket in meiner Hand liegt? Ich muss es dir nicht geben. Ich kann jetzt einfach damit wegrennen. Und du bleibst hier"

Und während wir lachen, fährt besagter Bus ein. Ich halte Zizo meine geöffnete Handfläche hin mit den Worten: „It's okay. Things end, things start"

Bevor er mir das Ticket in die Hand drückt, drückt er mich noch einmal fest an sich.

Was ich bisher noch nicht erwähnt hatte, ist, dass ich die letzten zwei Wochen quasi illegal im Sinai unterwegs war. Unwissentlich. Herausgestellt hatte sich das, als ich mit dem Gedanken gespielt habe, mir die Pyramiden in Kairo anzusehen und von Friday darauf hingewiesen wurde, dass auf

dem Weg nach Kairo das Visum kontrolliert werden würde.
Visum?
Davon hatte ich bei meinen Reisevorbereitungen nichts
gelesen. Nach gründlicheren Recherchen stieß ich vor ein paar
Tagen dann auf die Information, dass man 14 Tage lang ohne
Visum durch den Sinai reisen darf – danach aber nicht mehr.
Gut, dass mir das ungefähr an Tag 27 aufgefallen war. Noch
besser, dass ich zu diesem Zeitpunkt schon so ein tiefes
Grundvertrauen aufgebaut habe, dass selbst diese Tatsache
mich nicht mehr aus der Ruhe bringen konnte.
Jetzt sitze ich im Bus Richtung Flughafen und habe noch die
leise Hoffnung, auf unwissendes, europäisches Mädchen tun
zu können, um den möglichen Konsequenzen auszuweichen.
Doch sobald ich das Gebäude betrete und schon von weitem
die stahlharten Mienen der Passkontrolleure sehe, sinkt meine
Hoffnung Richtung null. Trotz bester Schauspielkünste schickt
mich der Beamte zum Geldautomaten außerhalb des
Gebäudes, um 2100 ägyptische Pounds Strafgebühr,
umgerechnet circa 90 Euro, abzuheben. Nagut, hätte
schlimmer kommen können.
Meinen Boarding Pass, den der Kollege vom Beamten
inspiziert hat, möchte dieser behalten und mir erst
zurückgeben, wenn ich das Geld bezahlt habe.
Also laufe ich zurück zum Anfang aller Kontrollen, um am
Automaten das Geld abzuheben, und finde mich mit den
Scheinen in der Hand vor der Gepäckkontrolle wieder – die
einen Boarding Pass verlangt. Ich betrachte die lange Schlange
vor mir, an dessen Ende ich mich befinde; kann mit meinen
Augen nicht einmal mehr die Passkontrolle, bei der sich meine
Dokumente befinden, ausmachen, im Hintergrund tickt die
Uhr bis zum Abflug – und ich lache.
Ich lache, weil die gesamte Situation so ein Chaos ist, und weil
die innere Unerschütterlichkeit in mir weiß, dass ich im
Grunde genommen nichts zu verlieren habe.
Nach einigem Hin und Her an der Gepäckkontrolle werde ich
endlich durchgelassen und finde meinen Weg zurück an den
Schalter, an dem meine zwei Kontrolleure sitzen. Mit einem
leicht verärgerten Gefühl schiebe ich ihnen die 2100 EGP über
den Tresen. Ein Gefühl, das sich in dem Moment in Luft

auflöst, als ich einen Blick auf den Computer Bildschirm des Beamten erhasche. Denn dort sehe ich – mich.

Das Foto, das bei der Einreise von mir gemacht wurde. Eine Conni aus der Vergangenheit strahlt mich an mit einem Grinsen, in dem so viel Vorfreude, so viel Hoffnung liegt. Berührt erwidere ich ihr Lächeln. Mein Lächeln.

Ich hätte alles Geld der Welt hier verlieren können und doch nur gewonnen.

Gemeinsam mit der untergehenden Sonne, die sich den Bergspitzen nähert, nähern die anderen Passagiere und ich uns dem Flugzeug.

Ich stelle mich als Letzte in die Reihe, um den rosaroten Himmel noch möglichst lange zu bestaunen, meine Lungen mit der warmen, ägyptischen Luft aufzutanken und meine Füße für die letzten Momente ganz bewusst auf der Erde des Sinais zu wissen.

Kurz bevor ich an der Reihe bin, die Flugzeugtreppe zu besteigen, halte ich noch einmal inne – was, wenn ich jetzt einfach umdrehen würde? Und hier bleibe?

Vielleicht bin ich doch mehr Liebende als Reisende.

Dann lächle ich. Weil ich doch weiß, dass ich zurückkehren werde. Und damit meine ich gar nicht unbedingt den Ort, auf dem gerade meine Füße stehen, sondern den Ort, an dem mein Herz wohnt.

Ein wissendes Lächeln breitet sich in mir aus und ich laufe Schritt für Schritt die Stufen hinauf.

Gebannt sehe ich aus dem Fenster und spüre das Brausen des anlaufenden Motors der Maschine, die sich nach rasend schnellem Anlauf an Land auf wundersame Weise leichtfüßig in die Lüfte hebt. Wir durchbrechen die rosarote Wolkendecke und fliegen hinein in grenzenloses Himmelblau.

Epilog

16.03.22

Es ist 6 Uhr, über Berlin geht die Sonne auf – auch, wenn sie hinter der Wolkendecke gerade nicht zu sehen ist.
Es ist 6 Uhr, und in mir scheint die Sonne des Liebens und geliebt Werdens.
Auch sie ist gerade nicht zu sehen, denn Steve erblickt den Sonnenaufgang tausende von Kilometern entfernt, genau wie all die anderen Menschen, die in mir den Keim der Liebe und des Vertrauens und der Freiheit, die auch Sicherheit ist, zu wachsen erlaubt haben.
Doch zum Glück muss man Liebe nicht sehen, um sie zu spüren, und zum Glück erblüht sie in unseren Herzen, niemals getrennt von uns.
Sie ist hier. Weil ich es bin.

Nachwort

Ich danke dir von Herzen, meine Worte gelesen zu haben.
Das empfangen zu haben, was zwischen ihnen liegt.
Mein Kopf bot mir unzählige Gründe, dieses Buch nicht zu
veröffentlichen. Stattdessen habe ich mich dazu entschieden,
zu leben, worüber ich schreibe: meine Angst an die Hand zu
nehmen und mit ihr gemeinsam den Sprung ins Ungewisse zu
wagen.
Ich lade dich ein, deine Gefühle, Fragen, Ängste, inneren
Reisen und Träume unter folgender E-Mail Adresse mit mir zu
teilen:

dietraumfaengerinbuch@gmail.com

Zum Schluss noch ein Geheimnis: die Wirklichkeit ist schöner
als alle Träume. Und sie ist hier. Näher, als du glaubst.
Mein Herz umarmt deins.

„Man hatte vor tausend Dingen Angst.
Vor Schmerzen, vor dem eigenen Herzen.
Man hatte Angst vor dem Schlaf, Angst vor dem Erwachen,
vor dem Alleinsein, vor dem Tode -
namentlich vor ihm, vor dem Tode.

Aber all das waren nur Masken und Verkleidungen.
In Wirklichkeit gab es nur eines,
vor dem man Angst hatte:
das sich fallen lassen,
den Schritt in das Ungewisse hinaus,
den kleinen Schritt hinweg,
über all die Versicherungen, die es gibt.

Und wer sich einmal,
ein einziges Mal hingegeben hatte,
wer einmal das große Vertrauen geübt
und sich dem Schicksal anvertraut hatte,
der war befreit.
Er gehorchte nicht mehr den Erdgesetzen,
er war in den Weltraum gefallen
und
schwang im Reigen der Gestirne mit.“

Hermann Hesse, „Der Schmerz“